Auf in die Verlobungszeit!

Die Bucket List für Verlobte mit 150 aufregenden Ideen vor der Hochzeit

Florian Mayer

dbt Verlag

Gedruckt von:

Amazon Distribution GmbH, Leipzig

1. Auflage 2022 dbt Verlag

ISBN Taschenbuch: 978-3-9824441-8-5

ISBN Hardcover: 978-3-9824441-9-2

Inhaltsverzeichnis

Warum sollten Verlobte nochmal etwas Besonderes unternehmen?

Verliebt, verlobt - aber noch nicht verheiratet. Für viele verliebte Paare, die sich bereits verlobt haben, gibt es wohl keine größere Traumvorstellung, als endlich gemeinsam vor den Altar zu treten. Mit diesem Schritt wird die große Liebe vollständig besiegelt sein. Für immer glücklich und vereint – was gibt es Schöneres?

Doch bevor es so weit ist, sollten Paare daran denken, dass dieser nächste Schritt, der die Bindung für immer erhalten soll, ein riesengroßes Versprechen ist, das auch gleichzeitig mit jeder Menge Verantwortung verbunden ist. Eine Ehe sollte niemals leichtfertig und aus einer spontanen Laune heraus eingegangen werden. Für viele Menschen ist sie heilig und besitzt einen beträchtlichen Stellenwert. Leider wurde die Ehe im Laufe der Zeit für viele Menschen auch eine Art Modeerscheinung, die bereits nach kurzer Zeit wieder annulliert wurde. Es sollte wohl einfach nicht sein, es gab zu viele unüberbrückbare Differenzen. Das ist in solchen Fällen häufig die Standardausrede, die rechtfertigt, warum die Ehe so schnell wieder auseinanderging. Das wäre in vielen Fällen gar nicht nötig gewesen, wenn man sich im Vorfeld einfach etwas mehr Zeit genommen hätte, um sich noch besser und intensiver kennenzulernen.

Wie gut kennen wir uns wirklich? Haben wir tatsächlich schon ausreichend Zeit miteinander verbracht, um diesen entscheidenden Schritt mit der Ehe zu machen? Diese Frage stellen sich viele Paare und die Überlegung ist alles andere als verwerflich. Was ist, wenn wir ein paar Monate nach der

Hochzeit feststellen sollten, dass wir eigentlich gar nicht zueinander passen? Dann war die ganze Sache umsonst…

Jene Zweifel sind jedoch noch lange kein Grund, mal eben schnell „auf gut Glück“ zu heiraten. Viel eher sind sie die perfekte Gelegenheit dafür, den Partner/die Partnerin von einer vollkommen neuen Seite kennenzulernen. Wie würde sich der/die Verlobte wohl bei einem gemeinsamen Wochenende mit der Familie anstellen? Kommt er mit dem besten Freund/der besten Freundin auf Dauer zurecht? Ist er/sie sportlich auf einem ähnlichen Level oder benötigt er/sie diesbezüglich noch ein wenig Motivation? Wie steht es mit gemeinsamen Interessen in puncto Ausflugsziele? Interessiert er/sie sich ebenfalls für historische Dinge? Sind die kulinarischen Vorlieben vereinbar? Und vor allem: Wie steht es mit der romantischen Zweisamkeit?

Es gibt so einiges, was noch vor dem Bund fürs Leben zweifellos abgecheckt werden sollte. Je mehr Gemeinsamkeiten in einer Beziehung vorhanden sind, umso besser. Bestehen überwiegende Differenzen, könnte das auf Dauer ziemlich anstrengend werden. Natürlich sind es auch Gegensätze, die sich anziehen und womit sich Paare gegenseitig ergänzen. Aber es sollten schon ein paar Gemeinsamkeiten bestehen, um sich künftig nicht dauerhaft in der Wolle zu haben.

Was gibt es also Besseres für Verlobte, als eine sogenannte **Bucketlist**? Damit sind verschiedene Dinge gemeint, die Partner vor der gemeinsamen Hochzeit unternehmen können, um sich noch viel besser kennenzulernen und auch gleichzeitig die Bindung zu stärken. Ganz zu schweigen von der Tatsache, neue Dinge auszuprobieren, die man selbst ggf. noch nie erlebt hat. Das Leben bietet so viele neue Aspekte, wir alle sollten grundsätzlich stets offen für Neues sein. Auch in einer Beziehung. Schließlich soll diese auch niemals eingefahren und langweilig werden. Ein weiteres Todesurteil für eine Ehe, die am Ende nicht selten nur noch auf dem Papier besteht.

Neben gemeinsamen Aktivitäten und aufregender Romantik gibt es jedoch noch weitere Dinge, die für eine gemeinsame Zukunft absolut unerlässlich sind. Zum Beispiel die Fähigkeiten, sich bedingungslos zu vertrauen und gemeinsam Probleme zu bewältigen. Zwei unerlässliche Faktoren in einer Ehe. Es wird der Tag kommen, da werden gewisse Sorgen den Alltag heimsuchen. Das ist bei den meisten Menschen der Fall, kaum jemand fliegt wie ein bunter Schmetterling durchgehend sorglos durchs Leben. In einer aufrichtigen Beziehung halten die Partner in jeder noch so misslichen Lebenslage zusammen, Probleme schweißen häufig sogar noch viel stärker zusammen. Aufgrund dessen ist es von Anfang an so wichtig, ehrlich miteinander zu sein, seine Wünsche und Bedürfnisse offen anzusprechen und auch gelegentlich Grenzen zu setzen. Erfolgreiche Liebe ist ein ständiges Geben und Nehmen, das sollte jedem vor der Hochzeit bewusst sein.

Was sind die Vorteile, diese Dinge jetzt zu tun?

Manche Menschen überstürzen ihre Hochzeit, ohne sich vorher ausreichend kennengelernt zu haben. Und damit meinen wir so richtig ausreichend. Große Liebe, hemmungslose Leidenschaft und das Gefühl, seinem Partner/seiner Partnerin durchgehend nahe sein zu wollen – all das erzeugt wahnsinnig viele Schmetterlinge im Bauch, die früher oder später den Wunsch erwecken, den Rest seines Lebens miteinander zu verbringen. Doch ist es schon an der Zeit? Kenne ich meine Verlobte/meinen Verlobten tatsächlich schon gut genug?

Manche Menschen werden sich jetzt innerlich eingestehen, dass es tatsächlich noch das ein oder andere gibt, was vor der ewigen Bindung noch erlebt werden sollte. Einerseits als schöne Vertiefung der Liebe, gleichzeitig aber auch als eine Art Test, ob künftige Dinge tatsächlich auf einer Wellenlänge verlaufen werden. Viele Punkte müssen in einer Beziehung vereinbar sein, keine Frage. Bestehen keinerlei Gemeinsamkeiten, wird die Ehe früher oder später den Bach runtergehen.

Es ist also durchaus sinnvoll, gewisse Sachen vor der Eheschließung zu erleben, um vollständig sicher zu sein, seine Seelenverwandte/seinen Seelenverwandten zweifellos gefunden zu haben.

Warum ist es wichtig, gemeinsame Hobbies zu entdecken?

Gemeinsame Hobbies sind sehr wichtig im Leben, wenn es darum geht, eine schöne Zeit miteinander zu verbringen. Da diese möglichst beiden Parteien behagen soll, stellt sich ganz automatisch die Frage, mit welchen Aktivitäten die Zeit umso schöner gestaltet werden kann. Auf Dauer wäre es vor allem in einer Ehe fatal, wenn überhaupt keine oder nur sehr wenig gemeinsame Interessen und Hobbies vorhanden sind. Aufgrund dessen ist es umso entscheidender zu wissen, welche Dinge beiden Partnern Freude bereiten. Ganz egal, ob es sich um eine sportliche Aktivität oder um ein besonderes Brettspiel handelt. Hauptsache es sind gemeinsame Nenner vorhanden, die dauerhaft noch stärker zusammenschweißen. Andernfalls dürfte es innerhalb der Ehe schnell langweilig werden, wenn jeder seine Hobbies nur für sich alleine ausübt.

Wovon handelt das Buch?

Dieses Buch beschreibt **150 Dinge**, die vor einer Ehe unternommen werden können, um die Bindung auf die finale Probe zu stellen und gleichzeitig zu bestärken. Gemeinsam neue Seiten des Lebens zu entdecken und festzustellen, ob eine kräftige Basis vorhanden ist. Hierbei geht es nicht nur um besondere Aktivitäten zu zweit, sondern auch gleichzeitig um wichtige Aspekte, die das künftige Zusammenleben unterstützen sollen. Wer zu blauäugig eine Ehe abschließt, wird sich früher oder später darüber ärgern, einige Punkte nicht schon im Vorfeld gecheckt zu haben.

In dieser Hinsicht wird dieser Ratgeber Abhilfe schaffen und konkrete Ideen liefern, die Paare für sich mitnehmen und darauf aufbauen können.

Macht euch bereit für eine interessante literarische Reise voller Anregungen, Inspirationen und wichtiger Voraussetzungen, die eure künftige Ehe noch stärker machen werden!

Bitte beachte, dass dieses Buch für möglichst viele verlobte Paare eine Inspiration auf dem Weg ins Eheleben darstellen soll. Dabei hat es keinen Anspruch auf Vollständigkeit. Sollten dir Dinge missfallen oder hast Du sogar weitere Vorschläge, die bei euch zu einprägsamen Erinnerungen wurden, so freue ich mich über dein Feedback. Gerne per Mail an

dbtverlagdeutschland@gmail.com

Herzliche Grüße und nun viel Spaß beim Lesen

Florian Mayer

Wellness & Körper

Die Seele baumeln lassen und verwöhnt werden. Zeit mit der Partnerin/dem Partner verbringen, Spaß haben und einfach mal ausspannen. Für die Kategorie Wellness & Körper gibt es jede Menge Dinge, die noch vor der Hochzeit gemeinsam gemacht werden können.

1. Rosenbad

Diese Geste der puren Romantik wird bereits seit Langem von verliebten Paaren durchgeführt. Ein gemeinsames Bad voller Rosenblätter, besonderem Duft, sinnlicher Musik und Kerzenschein – Romantik pur! Überrasche deine Liebste/deinen Liebsten mit dieser romantischen Idee am besten nach einem anstrengenden Arbeitstag und genießt diesen besonderen Moment der Zweisamkeit am besten zusammen! Es ist eine Geste der Fürsorge und zeigt dem Partner, wie wichtig er/sie für dich ist. Das Aroma der Rosenblätter kann beruhigend und entspannend wirken und kann dazu beitragen, den Stress des Tages abzubauen und das Paar näher zusammenzubringen. Insgesamt ist ein Rosenbad eine wunderbare Möglichkeit, Zeit mit dem Partner zu verbringen und die Zweisamkeit zu genießen. Es ist eine romantische Geste, die das Potenzial hat, die Beziehung zu stärken und das Glück und Wohlbefinden beider Partner zu steigern.

2. *Fußmassage*

Eine Fußmassage kann nicht nur eine angenehme Erfahrung sein, sondern auch eine Möglichkeit bieten, eine tiefere Verbindung als Paar aufzubauen. Wenn du deinem Partner oder deiner Partnerin eine Fußmassage gibst, zeigst du, dass du auf ihre oder seine Bedürfnisse achtest und dich um ihr oder sein Wohlbefinden bemühst. Durch die Berührung kannst du auch die Freisetzung von Oxytocin, dem sogenannten "Kuschelhormon", stimulieren, was zu einem Gefühl der Nähe und des Vertrauens führen kann.

Eine Fußmassage kann auch eine großartige Möglichkeit sein, um Stress abzubauen. Wenn wir gestresst sind, können sich Spannungen und Schmerzen in unseren Füßen manifestieren, und eine Massage kann helfen, diese zu lindern. Durch die Berührung und Entspannung kann die Massage auch die Produktion von Endorphinen fördern, die das Wohlbefinden steigern und Stress reduzieren können.

Neben all diesen positiven Aspekten bietet eine Fußmassage auch eine Gelegenheit, sich als Paar näher zu kommen und sich auf eine sinnliche Art und Weise zu verbinden. Es kann ein Moment sein, um einfach zu reden, zu lachen oder auch zu schweigen und die Präsenz des anderen zu genießen. Eine Fußmassage ist also nicht nur eine angenehme körperliche Erfahrung, sondern kann auch eine wertvolle Gelegenheit sein, als Paar zu wachsen und eine tiefere Verbindung aufzubauen.

3. Gesichtspeeling

Ein gemeinsames Gesichtspeeling kann nicht nur gut für die Haut, sondern auch für die Beziehung sein. Es bietet die Möglichkeit, sich Zeit zu nehmen, um gemeinsam zu entspannen und sich gegenseitig zu verwöhnen. Durch das Auftragen des Peelings auf das Gesicht des Partners und das massierende Einreiben können Sie sich in eine vertraute und liebevolle Atmosphäre hineinversetzen, die dazu beiträgt, eine tiefere Verbindung herzustellen.

Ein Gesichtspeeling hat auch den Vorteil, dass es Stress abbauen kann. Es kann helfen, die Spannung und den Stress des Alltags zu reduzieren und die Sorgen und Ängste des Tages zu vergessen. Durch das Peeling wird die Haut sanft gereinigt und von abgestorbenen Hautzellen befreit, was nicht nur ein angenehmes Gefühl auf der Haut hinterlässt, sondern auch den Geist beruhigt. Das gemeinsame Erleben eines Gesichtspeelings kann auch dazu beitragen, die Kommunikation zwischen Ihnen und Ihrem Partner zu verbessern. Indem Sie sich in einer entspannten Atmosphäre befinden, können Sie sich aufeinander konzentrieren und über Dinge sprechen, die in Ihrem Leben wichtig sind. Wenn Sie mit Ihrem Partner über persönliche Themen sprechen, können Sie auf einer tieferen Ebene verbunden sein und sich noch näher kommen.

Kurz gesagt, gemeinsames Gesichtspeeling bietet Ihnen die Möglichkeit, sich Zeit zu nehmen, um sich zu entspannen, zu verwöhnen und die Beziehung zu vertiefen. Es ist eine einfache und effektive Möglichkeit, Ihre Liebe und Fürsorge füreinander auszudrücken und eine tiefere Verbindung aufzubauen.

4. Besuch in der Sauna

Wart ihr schon mal zusammen in der Sauna? Wenn nicht, dann wird es höchste Zeit! Regelmäßige Saunabesuche sind äußerst gesund, entgiften den Körper und bringen den Kreislauf in Schwung. Lasst den Alltag gezielt hinter euch und begebt euch gemeinsam auf ein Erlebnis, das für euch beide ziemlich heiß werden dürfte! In der Sauna gibt es keine Ablenkungen von draußen - es ist einfach nur dein Partner und du in einer ruhigen, entspannten Umgebung. Dadurch könnt ihr euch wirklich aufeinander konzentrieren, miteinander reden und einfach den Moment genießen. Gemeinsam zu schwitzen und danach das Kaltwasserbecken oder die Dusche zu nutzen, kann eine wundervolle Erfahrung sein, die man nicht missen sollte. Darüber hinaus hat regelmäßiges Saunieren auch viele gesundheitliche Vorteile, wie zum Beispiel eine verbesserte Durchblutung, Entspannung von Muskeln und Gelenken, Stärkung des Immunsystems und Stressabbau. Indem ihr regelmäßig gemeinsam in die Sauna geht, könnt ihr eure Gesundheit gemeinsam verbessern und von den positiven Auswirkungen auf Körper und Geist profitieren.

5. Rückenmassage

Es gibt wohl nichts Wohltuenderes als eine entspannte Rückenmassage! Teilt diese angenehme Erfahrung mit eurer Partnerin/eurem Partner, indem ihr euch gegenseitig massiert. Verwendet hierfür am besten ein duftendes Massageöl, um den Vorgang noch angenehmer zu gestalten. Gleitet sanft mit euren Händen über den Rücken eurer/eures Liebsten und steigert langsam den Kraftaufwand (Achtung, es sollte der Partnerin/dem Partner nicht zu fest werden!). Wechselt euch dabei gegenseitig ab und genießt den Moment ausgiebig. Durch die Berührung des Körpers werden Endorphine freigesetzt, die ein Wohlgefühl im Körper auslösen und Stress abbauen. Eine Massage kann auch Verspannungen lösen, die durch den Alltag, eine schlechte Haltung am Arbeitsplatz oder durch Sport entstanden sind. Wenn ihr euch regelmäßig gegenseitig massiert, könnt ihr zudem lernen, auf die Bedürfnisse des anderen einzugehen und ein besseres Gespür für den Körper eures Partners entwickeln. Dabei kann auch ein intensiverer Austausch von Zärtlichkeiten stattfinden, der die emotionale Bindung stärkt. Eine gemeinsame Massage kann somit nicht nur den Körper, sondern auch die Seele entspannen und euch einander näher bringen.

6. *Wellness Wochenende*

Regelmäßige Auszeiten müssen sein, keine Frage. In einer Beziehung kommt der gemeinsame Alltag durch den Beruf nicht selten zu kurz und am Ende bleiben häufig nur noch die gemeinsamen Feierabende. Das ist auf Dauer nicht genug Zeit, die miteinander verbracht werden kann, vielmehr nur eine Art Ritual. Hin und wieder muss man sich auch mal eine wirkliche Auszeit nehmen, um die gemeinsame Zeit bewusst zu genießen. Hierfür eignet sich ein entspanntes Wellness Wochenende, wo man sich mal richtig verwöhnen lassen und nicht zuletzt Zeit mit der Partnerin/dem Partner verbringen kann.

7. Neuen Look ausprobieren

Habt ihr euch mal gefragt, wie eure Partnerin/euer Partner wohl mit einer anderen Frisur oder einem anderen Bartstyle aussehen würde? Warum hier nicht mal ein bisschen herumexperimentieren? Selbst wenn der gewohnte Style gemocht wird, so ist es auch manchmal die Abwechslung, die etwas frischen Wind in die Beziehung bringt. Wenn ihr also Lust dazu habt, schnappt euch eure Partnerin/euren Partner und probiert ein vollkommen neues Styling aus, das euch am Ende sogar eventuell noch besser gefällt als vorher. Auch ein komplett neuer Look in puncto Kleidung kann bei einer gemeinsamen Shoppingtour ausprobiert werden.

8. Maniküre & Pediküre

Ihr mögt die Hände und Füße eurer Partnerin/eures Partners? Das sollte in einer Beziehung der Fall sein. Trotz dieser Tatsache benötigen Hände und Füße regelmäßige Pflege, die überwiegend zuhause durchgeführt wird. Wie wäre es zur Abwechslung einmal mit einem Besuch bei einer professionellen Maniküre oder Pediküre? Hierbei wird das Endergebnis noch einmal deutlich hervorstechen und gleichzeitig wird hiermit ein neues Experiment innerhalb der Partnerschaft gemacht.

9. Liebes Tattoo

Dieser Vorschlag richtet sich in erster Linie an Personen, die eine Vorliebe für Tattoos haben. Ihr seid euch absolut sicher, dass ihr euer ganzes Leben mit eurer/eurem Verlobten verbringen wollt? Dann verewigt eure Liebe doch durch ein besonderes Tattoo, das nur für sie/ihn bestimmt ist! Es gibt diverse Motive. Vom Namen der Partnerin/des Partners, bis hin zu ausgefallenen Kunstwerken. Zum Beispiel ihre/seine Augen, den Fingerabdruck, das Datum der Hochzeit und noch viel mehr. Mit Sicherheit dürfte hier ein passendes Motiv für euch dabei sein!

ACHTUNG: Ein Tattoo bleibt lebenslang auf der Haut bestehen und kann nur durch (teilweise sehr schmerzhafte) Laserbehandlung (häufig bleiben hier Narben) wieder entfernt werden. Überlegt euch diesen Schritt also sehr gut!

10. Verlobungsring

Eine weitere Liebesgeste in Form von permanentem Körperschmuck. Wenn ihr früher oder später in den Hafen der Ehe einlaufen wollt, werdet ihr mit ziemlicher Sicherheit ohnehin eines Tages Eheringe austauschen. Warum also nicht schon einmal mit Verlobungsringen etwas „üben“? Im Regelfall ist es der Mann, der um die Hand seiner Freundin anhält und ihr vor der Hochzeit einen solchen Verlobungsring schenkt. Doch warum sollte ER eigentlich keinen bekommen? Immerhin ist er doch auch nicht mehr “auf dem Markt”. Das könnte man durchaus ändern…

REISEN & AUSFLÜGE

Gemeinsam zuhause rumsitzen kann jeder. Doch wie steht es eigentlich mit gemeinsamen Reisen und anderen Ausflügen? Bestehen diesbezüglich gemeinsame Lieblingsnenner oder habt ihr gänzlich verschiedene Wünsche? Findet es heraus und unternehmt gemeinsame Dinge, die euch ggf. noch stärker zusammenschweißen werden. Von schönen Erinnerungen ganz zu schweigen.

11.Städtetrip

Du wolltest schon immer mal in eine bestimmte Stadt die diverse Kultur- und Freizeitaktivitäten zu bieten hat? Dann ist jetzt die ultimative Gelegenheit, diese gemeinsam mit deiner/deinem Verlobten zu entdecken. Durchkämmt die Museen, feiert in den angesagtesten Clubs, speist in den köstlichsten Restaurants und besucht historische Orte. Unternehmt einfach alles, was euch interessiert. Oder findet gleichzeitig heraus, ob die Interessen hierbei doch eher auseinandergehen. Eine neue Stadt zu erkunden kann auch dazu beitragen, eure Beziehung zu stärken. Ihr werdet gezwungen sein, zusammen Entscheidungen zu treffen und euch als Team zu arrangieren. Außerdem werdet ihr viele neue Dinge erleben und gemeinsame Erinnerungen schaffen, die ihr in Zukunft teilen werdet. Wenn ihr gemeinsam eine neue Stadt erkundet, werdet ihr auch eure Komfortzone verlassen und neue Erfahrungen machen. Ihr werdet verschiedene Arten von Menschen und Kulturen kennenlernen und dabei eure eigenen Perspektiven erweitern.

12. Flugreise (alternativ Zugreise)

Warst du mit deinem Schatz schon mal weit weg? So richtig weit? Nein? Dann solltet ihr vor eurer Hochzeit unbedingt noch eine Reise in die Ferne machen, bevor ihr gemeinsam richtig heimisch in Form eurer Hochzeit werdet. Die meisten Menschen haben ein besonderes Traumreiseziel auf der Welt, wo sie schon immer gerne mal hinwollten. New York, Las Vegas, Dubai, Australien, Neuseeland oder die Malediven – sofern es die finanziellen Mittel zulassen, solltet ihr noch vor eurer Hochzeit alle sieben Sachen zusammenpacken und eine Flugreise zu einem erträumten Reiseziel unternehmen. Wollt ihr nicht ganz so weit weg oder leidet ihr womöglich unter Flugangst, so ist auch eine Reise mit dem Zug eine gute Alternative. Wir leben in modernen Zeiten, daher ist es keine Schande, gewisse Traditionen etwas anzupassen und die Hochzeitsreise vorzuverlegen.

13. Skiurlaub

Ihr liebt Schnee, Berge, Skilifte und fröhliche Abfahrten? Dann ist es höchste Zeit für einen großartigen gemeinsamen Skiurlaub mit eurer/eurem Verlobten! Verbringt eine unbeschwerte Zeit auf einer Hütte oder in einem gemütlichen

Berghotel und verlebt mit eurer/eurem Liebsten schöne Stunden auf der Skipiste und esst im Anschluss einen leckeren Kaiserschmarrn in einer beschaulichen Berghütte.

Du kannst gar nicht Ski fahren, dafür aber deine Verlobte/dein Verlobter? Gar kein Problem! Lass es dir von ihr/ihm beibringen und mache auf diese Art und Weise eine komplett neue Lebenserfahrung, die euch künftig umso mehr verbindet!

14. Campingausflug

Wie wäre es mit ein paar schönen Stunden in der freien Natur? Was ist hierfür besser geeignet als ein aufregender Campingausflug mit Zelt, Schlafsack und Taschenlampe! Ein richtiges Abenteuer, das du mit deiner/deinem Verlobten verbringen kannst. Schlagt euer Zelt auf einem Campingplatz eurer Wahl auf, haut die Heringe in den Boden und genießt die gemeinsame Zeit. Oder informiert euch im Vorfeld darüber, an welchen Plätzen Campen erlaubt ist. So seid ihr noch ein bisschen ungestörter…

Es ist auch nicht tragisch, wenn ihr beim Camping kein zufriedenstellendes Internet zur Verfügung habt, denn das braucht ihr während dieser Zeit nicht. Es genügt, das Handy für ein paar schöne Erinnerungsfotos zu nutzen. Die restliche Zeit über solltet ihr jedoch ganz eurer/eurem Verlobten widmen! Wie wäre es mit ein paar Schattenspielen oder einer Runde Karten im Zelt? Das ist viel persönlicher, als dauerhaft aufs Handy zu glotzen!

15. Wandern gehen

Zeit für ein bisschen Natur und sportliche Aktivität! Wandern gehen macht großen Spaß, zu zweit natürlich noch sehr viel mehr als allein. Schnapp' dir deine Verlobte/deinen Verlobten und fahr mit ihr/ihm in die Berge und sucht euch einen geeigneten Ort zum Wandern. Die Möglichkeiten hierzu sind vielfältig, es gibt sehr viele schöne Orte zum Wandern. Wer im süddeutschen Raum lebt, hat diesbezüglich sogar noch bessere Karten. So ist unter anderem das Allgäu eine perfekte Anlaufstelle für Wandertouren aller Art. Auch in Österreich und in der Schweiz gibt es ein umfangreiches Angebot. Während der Wanderung hat man genügend Zeit, um miteinander zu sprechen und sich besser kennenzulernen. Die gemeinsamen Erlebnisse und Eindrücke in der Natur schweißen zusammen und schaffen Erinnerungen, die man später teilen und wiederaufleben lassen kann.

16. Fahrradtour

Fahrrad fahren ist nicht nur unglaublich gesund für Körper und Geist, sondern gleichzeitig auch eine Aktivität, die sich wunderbar mit anderen Menschen zusammen eignet. So auch mit der/dem Verlobten. Also pumpt eure Reifen auf, ölt die Ketten und schwingt euch auf den Sattel, um eine ausgiebige Fahrradtour zu unternehmen! Ganz egal ob durch Feld und Fluren oder durch die Stadt. Wenn ihr bereits echte Fahrrad Profis seid, könnt ihr auch eine aufregende Mountainbike Tour durch die Berge unternehmen. Mit ziemlicher Sicherheit werdet ihr jede Menge Spaß haben, neue Gefilde entdecken und gleichzeitig eure Fitness trainieren!

17. Ein Tag am See

Was gibt es Schöneres im Hochsommer, als einen Tag am See zu verbringen? Mit Decke, Liegestuhl, Badesachen, Sonnencreme, Getränken und Snacks im Gepäck, lässt es sich dort prima aushalten. Besonders mit eurer/eurem Verlobten! Packt eure Sachen zusammen und macht es euch für einige Stunden am Badesee gemütlich. Plantscht vergnügt im Wasser, tunkt euch ausgelassen unter, lebt einfach im Moment! Und vergesst natürlich nicht, euch ausgiebig einzucremen! Ein toller Tag am See kann ganz schön lang werden…

18. Motorradtour

Einer von euch ist im Besitz eines gültigen Motorradführerscheins? Und zufällig steht auch noch ein Motorrad in der Garage? Perfekt! Hiermit könnt ihr eine gemeinsame Motorradtour unternehmen und so richtig Gas geben! Das wollt ihr schließlich auch bald in eurer Beziehung tun – mit der baldigen Hochzeit so richtig durchstarten. Da kommt so eine Spritztour auf zwei Rädern doch gerade richtig! Auf einem Motorrad erlebt man die Umgebung auf eine ganz andere Art und Weise als in einem Auto, was für eine einzigartige Erfahrung sorgt. Das Gefühl von Freiheit und Abenteuerlust, das eine solche Tour mit sich bringt, kann sehr belebend für die Beziehung sein.

19. Bootsfahrt

Warst du mit deiner/deinem Verlobten schon einmal auf dem Wasser unterwegs? Nein? Na, dann wird es höchste Zeit! Bootsfahrten sind sehr vielfältig, es gibt eine ganze Menge Varianten davon. Egal ob eine Stadtrundfahrt für Touristen auf dem Wasser, fröhliches Abstrampeln auf dem Tretboot, kräftiges Rudern auf einem Ruderboot oder auch eine flotte Spritztour mit einem gemieteten Motorboot – hier gibt es keine Grenzen. Setzt euch die Kapitänsmütze auf und macht euren Schatz zum Steuermann/zur Steuerfrau!

20. Picknick

Ein Picknick ist eine wunderschöne Aktivität für Verliebte! Nicht sonderlich kostspielig aber trotzdem auf gewisse Art und Weise unbezahlbar. Ganz besonders an einem romantischen Platz mit einer großartigen Aussicht. Zum Beispiel im Sonnenuntergang lässt sich ein idyllisches Picknick mit der Partnerin/dem Partner im Sommer wunderbar genießen. Auch an außergewöhnlichen Orten kann ein Picknick unter Umständen sehr abenteuerlich sein. Versteckt im Maisfeld, in einem Heustock oder unter einer Brücke. Das Schöne am Picknicken ist, dass man es individuell anpassen kann. Ihr könnt das Essen selbst zubereiten oder es euch auch einfach machen und etwas vom Supermarkt mitbringen. Besonders romantisch wird es, wenn ihr ein paar Kerzen, Blumen oder ein paar Kissen mitnehmt, um es euch so richtig gemütlich zu machen.

Möglicherweise gibt es im Anschluss noch einen aufregenden Nachtisch…

21. Besuch im Freizeitpark

Gemeinsam die spektakuläre Achterbahn Silverstar im Europapark heruntersausen? Am besten noch in der ersten Reihe? Was kann es Aufregenderes geben? Ist doch klar – diesen Nervenkitzel gemeinsam mit seiner/seinem Verlobten zu erleben! Ihr dürft auch ruhig kurz vor dem Abfall laut schreien, dass ihr euch über alles liebt und fest ihre/seine Hand drücken.

Neben aufregenden Fahrgeschäften gibt es im Freizeitpark jedoch noch eine ganze Menge anderer Dinge, die ihr gemeinsam erleben und genießen könnt. Zum Beispiel könnt ihr euch ein leckeres Slush-Eis teilen, euch ein ganz besonders schönes Lebkuchenherz schenken oder ein süßes Erinnerungsfoto machen lassen. Hauptsache dieser Tag bleibt euch in schöner Erinnerung!

22. Kletterwald

Wer Lust auf etwas Abenteuer und Nervenkitzel hat, der sollte mit seiner/seinem Verlobten einen Ausflug in den Kletterwald unternehmen. Das ist ein sehr großer Spaß und gleichzeitig auch eine echte Herausforderung. Es ist gar nicht so einfach, immer das Gleichgewicht zu behalten und sich tollkühn von Baum zu Baum zu bewegen. Ganz zu schweigen von den wackeligen Schwebebrücken, die es zu überqueren gilt. Glücklicherweise seid ihr dabei die ganze Zeit über durch ein Sicherheitsseil befestigt, das euch im Falle eines plötzlichen Fehltritts auffängt. Reicht eurem Schatz eine helfende Hand und unterstützt euch gegenseitig beim Bezwingen des Parcours. Ein besonderes Erlebnis, das nicht nur sehr viel Spaß macht, sondern auch eure Vertrauensbasis und euer gemeinsames Durchhaltevermögen bestärken wird.

23. Volksfest oder Jahrmarkt

Ganz besonders im Herbst wimmelt es nur so von Volksfesten und Jahrmärkten. Da ist das berühmte Oktoberfest in München bei weitem nicht die einzige Option, mit seiner/seinem Verlobten die Straßen eines Festes unsicher zu machen. Trinkt gemeinsam ein erfrischendes Bier, macht eine deftige Brezen-Brotzeit oder schießt euch eine Rose, die euch für immer an eure große Liebe erinnern soll.

Auch der gemeinsame Besuch auf dem Weihnachtsmarkt ist für Verlobte eine wunderbare Möglichkeit, die gemeinsame Zeit zu genießen. Trinkt zusammen einen heißen Glühwein, verzehrt ein leckeres Crêpes und schenkt eurem Schatz eine kuschelig warme Mütze, damit sie/er nicht frieren muss.

24. Museum besuchen

Jeder hat seine ganz persönlichen Interessen. Diese können sich sowohl auf den technischen Fortschritt, auf Kultur oder auch historische Ereignisse beziehen. Der ideale Ort, um diesbezüglich seinen Horizont zu erweitern, ist ein passendes Museum. Überzeugt euren Schatz mit euch dorthin zu gehen und wer weiß, vielleicht erweckt dieser Besuch auch bei ihr/ihm ganz neue Interessen, die ihr künftig gemeinsam teilen werdet. Gemeinsame Museumsbesuche können eine wunderbare Möglichkeit sein, die Beziehung zu vertiefen und gemeinsam Neues zu entdecken. Ein Museumsbesuch bietet nicht nur eine hervorragende Gelegenheit, um etwas Neues zu lernen, sondern kann auch sehr unterhaltsam sein. Wenn man gemeinsam durch die Ausstellungen geht, kann man sich über das Gesehene unterhalten, sich über die Geschichte und die verschiedenen Exponate austauschen und neue Perspektiven gewinnen. Dabei kann man auch entdecken, dass man bestimmte Dinge gemeinsam hat, die man bisher noch nicht wusste.

25. Schlittschuhlaufen

Seid ihr schon mal auf dem Eis unterwegs gewesen? Gehört das möglicherweise auch zu jenen Dingen, die ihr unbedingt schon einmal ausprobieren wolltet? Bislang nur noch keine Gelegenheit oder euch schlichtweg nicht getraut hattet? Eine weitere, wunderbare Gelegenheit, dieses Vorhaben gemeinsam mit eurer/eurem Verlobten zu versuchen, die/der eventuell auch noch nie Erfahrungen auf dem Eis gesammelt hat. Zieht euch warm an, mietet euch Schlittschuhe und nix wie rauf auf die große Eisbahn! Keine Sorge, ihr müsst ja nicht gleich „Holiday on Ice" performen, sondern vielmehr gemeinsam Spaß haben und euch ganz langsam an die Sache herantasten. Im Idealfall hat dein Schatz auch schon erste Erfahrungen und kann dir den einen oder anderen Tipp geben, damit du umso schneller mit ihm übers Eis gleiten kannst.

26. Karaoke singen

„Nein, ich kann nicht singen, das ist mir viel zu peinlich!" Blödsinn, jeder kann singen – zumindest auf seine ganz persönliche Art und Weise! Karaoke ist ein sehr lustiger Spaß, welcher häufig bei Abenden mit Freunden oder auch in öffentlichen Bars veranstaltet wird. Dabei läuft ein Playback von berühmten Songs, das von live ablaufenden Lyrics auf einem Monitor begleitet wird. Somit ist es allen Teilnehmern möglich, die verschiedenen Lieder mitzusingen, selbst wenn der Text nicht im Kopf ist.

Unternehmt mit eurem Schatz einen Abstecher in eine Karaokebar oder leiht euch ein Set von Freunden, um diesen ungeheuren Spaß einmal auszuprobieren. Überwindet eure Scheu und singt euren selbstgewählten Song einfach frei heraus.

Seid sicher, eure Verlobte/euer Verlobter wird euren Mut zu schätzen wissen und euch dafür noch umso mehr lieben!

27. Konzertbesuch

Habt ihr möglicherweise eine Band oder eine/n Solokünstler/in, die/den ihr beide ganz doll bewundert? Sollte das der Fall sein, warum nicht einmal gemeinsam auf ein Live-Konzert gehen? Das Leben ist zu kurz für YouTube und Spotify, manchmal muss es einfach LIVE sein! Ist euer/eure Lieblingskünstler/in zufälligerweise demnächst on Tour, so wäre dies die perfekte Gelegenheit, diese/n einmal live zu erleben. Und gleichzeitig auch ein großartiges Erlebnis mit der/dem Verlobten zu haben, an das sich ziemlich sicher noch sehr lange gemeinsam erinnert wird.

28. Gokart fahren

Lust auf ein bisschen Action und Turbo? Dann nix wie ab zur nächsten Gokart Bahn und diese mit dem Schatz gemeinsam unsicher machen! Startet ein lustiges Wettrennen und braust so richtig in die Kurven!

Um die Sache noch eine Spur interessanter zu gestalten, könnt ihr auch eine kleine Wette abschließen. Zum Beispiel dass der Verlierer dem Sieger später zuhause eine ausgiebige Rückenmassage spendiert. Oder aber ein leckeres Essen zubereitet. Seid kreativ in dieser Hinsicht. Die Hauptsache ist jedoch, dass es euch großen Spaß macht!

29. *Paragliding*

Jetzt wird's wild! Wer das aufregende Abenteuer sucht, sollte sich einmal an einem Paragliding Flug versuchen. Wünscht sich dies zufälligerweise die/der Partner/in? Umso besser! Nutzt die Gelegenheit, um noch vor der Hochzeit ein solches Wagnis zu erleben, von dem ihr mit ziemlicher Sicherheit noch lange erzählen werdet.

30. *Bungeejumping*

Und noch so ein absoluter Nervenkitzel: Wie wäre es mit einem aufregenden Sprung kopfüber in die Tiefe? Selbstverständlich an einem Sicherungsseil und von Profis unterstützt. Bungeejumping ist definitiv ein Erlebnis für sehr wagemutige Menschen! Fühlst du dich dafür bereit? Dann schnapp dir deinen Schatz und erlebt gemeinsam ein unvergessliches Erlebnis. Es genügt auch, wenn sich nur einer in die Tiefe stürzt. Dieser Mut symbolisiert gleichzeitig, dass man nicht feige ist und sich jeder Herausforderung im Leben mutig stellt – auch später in der Ehe.

31. *Heißluftballonfahrt*

Ist euch das Bungeejumping etwas zu extrem, könnte eine Fahrt mit einem Heißluftballon der ideale Kompromiss sein. Eine Fahrt mit einem Heißluftballon kann eine einzigartige und romantische Erfahrung sein, die ihr als Paar teilen könnt. Es gibt viele Gründe, warum es wichtig ist, eine solche Fahrt zu unternehmen. Zum einen bietet sie euch die Möglichkeit, eine ganz neue Perspektive auf die Welt um euch herum zu bekommen und eure Umgebung aus einer völlig neuen Sichtweise zu betrachten. Es ist eine Gelegenheit, eure Liebe und eure Beziehung zu feiern, indem ihr zusammen eine unvergessliche Erfahrung macht. Eine Fahrt mit dem Heißluftballon kann auch eine Herausforderung sein, die ihr gemeinsam meistern könnt. Vielleicht habt ihr beide Angst vor Höhen, aber ihr könnt euch gegenseitig stärken und unterstützen, um die Herausforderung zu meistern. Eine gemeinsame Erfahrung dieser Art kann eure Beziehung stärken und euch noch enger zusammenschweißen.

32. Lernt gemeinsam eine neue Sprache

Eine neue Sprache zu lernen, ist nicht nur eine praktische Fähigkeit, sondern kann auch eine wundervolle Erfahrung für Paare sein. Durch das Lernen einer neuen Sprache erweitert ihr euren Horizont und öffnet euch für eine neue Kultur. Dies kann eure Beziehung bereichern, da ihr gemeinsam in eine neue Welt eintauchen könnt und dies aufregende neue Erfahrungen mit sich bringt. Das gemeinsame Lernen einer Sprache kann auch zu gemeinsamen Reisen führen, um die Sprache in einem Land, in dem sie gesprochen wird, zu üben. Dies kann eine großartige Gelegenheit sein, neue Orte zu erkunden und als Paar neue Abenteuer zu erleben. Die Erfahrung, eine neue Sprache zu lernen und zu beherrschen, kann auch ein großartiges gemeinsames Ziel sein, das euch beide stolz auf eure Leistungen macht und eure Beziehung stärkt.

33. Besucht eine festliche Gala

Es gibt Momente im Leben, die besonders festlich und unvergesslich sind. Eine schicke Gala oder eine Wohltätigkeitsveranstaltung ist eine solche Gelegenheit. Es gibt oft einen Dresscode und die Möglichkeit, sich besonders herauszuputzen und in eleganter Abendgarderobe zu erscheinen. Diese Art von Veranstaltungen sind oft sehr aufwendig organisiert und bieten ein besonderes Ambiente, das ihr als Paar gemeinsam genießen könnt. Schließlich kann es auch eine schöne Abwechslung sein, einmal aus dem Alltag auszubrechen und sich in einem besonderen Rahmen als Paar zu präsentieren. Als Nebeneffekt könnt ihr euch statt der Jogginghose auf der Couch, im schönen Abendkleid oder Smoking präsentieren.

KREATIVE, ROMANTISCHE LIEBESGESTEN

Kreative Romantik wird bei vielen Menschen leider klein geschrieben. Nicht jeder hat ein Händchen für süße Gesten und Aufmerksamkeiten. Dabei sind diese im Grunde so wichtig, um deiner Partnerin/deinem Partner immer wieder zu verdeutlichen, wie viel sie/er dir doch bedeutet. Solltest du also denken, Romantik wäre grundsätzlich kitschig, so lasse dich mit folgenden Tipps eines Besseren belehren!

34. Gedicht schreiben

Nichts auf der Welt sagt so sehr „ich liebe dich“, wie ein romantisches Gedicht. Was im besten Fall sogar noch selbst gedichtet wurde. Ein unglaublich schöner Liebesbeweis, über den sich nahezu jeder freuen dürfte.

Tipp: Wenn du absolut kein Talent zum Schreiben und Dichten hast, suche dir ruhig im Internet ein paar Anregungen, übernimm diese aber nicht eins zu eins. Versuche durch ein paar Inspirationen selbst ein schönes Gedicht zu schreiben, das du deiner/deinem Verlobten im Anschluss vorträgst.

35. Bild malen

Mit dem Malen ist es ähnlich wie mit dem Schreiben – viele Menschen sagen bereits im Vorfeld, dass sie das überhaupt nicht können. Doch darum geht es hier nicht. Es muss keine Aufnahmeprüfung an einer Kunstakademie bestanden werden. Es geht vielmehr darum, seinem Schatz zu beweisen, dass man sich für sie/ihn Mühe gegeben hat. Vollkommen egal, wie das Bild am Ende aussehen wird. Selbst wenn es nur ein schlichtes, leicht verzogenes Herz ist, so vermittelt diese Geste am Ende sehr viel Liebe.

Wer über eine künstlerische Ader verfügt, kann sich diesbezüglich noch einmal ganz anders austoben. Aber am Ende zählt einzig und allein die romantische Geste, das Ergebnis ist viel eher Nebensache.

36. Etwas basteln

„Basteln ist doch nur was für kleine Kinder!“ So dürften nicht wenige bei jenem Vorschlag reagieren. In Wahrheit spielt jedoch das Alter beim Basteln keinerlei Rolle. Denken wir nur einmal an diverse große Künstler, das sind/waren schließlich alles Erwachsene!

Basteln macht großen Spaß. Ganz besonders für Menschen, die über eine kreative Ader und viel Fingerspitzengefühl verfügen. Warum also diese Fähigkeit nicht nutzen und seiner/seinem Verlobten etwas Schönes basteln? Das kann ein Origamikunstwerk, ein bemalter Stein oder auch ein schönes

Windspiel sein. Hier sind der persönlichen Kreativität keinerlei Grenzen gesetzt.

37. Persönliches Accessoire

Wie wäre es mit einem ganz persönlichen Geschenk? Zum Beispiel mit einer Tasse oder einem Kissen, worauf sich eure Gesichter befinden? Zum Glück gibt es aktuell jede Menge Anlaufstellen im Internet, die solche und weitere Dienstleistungen anbieten. Eine persönliche Produktgestaltung ist heutzutage sehr einfach durchzuführen. Es ist nichts weiter zu tun, als das gewünschte Motiv auf entsprechenden Seiten als Bilddatei hochzuladen, ggf. die Größe noch etwas anzupassen, eventuell noch einen schönen Spruch hinzuzufügen, bestellen und schon ist der Artikel unterwegs zu euch. Ein süßer und persönlicher Liebesbeweis!

38. Kleine Zettelbotschaften

Wer freut sich nicht über eine kleine Nachricht zwischendurch? Meistens erfolgen diese heutzutage spontan über WhatsApp oder andere Messenger. Wäre eine Botschaft „in live“ nicht auch mal eine nette Abwechslung? Damit rechnet niemand. Überrasche deinen Liebling doch mal früh morgens mit einem handgeschriebenen Zettel am Kühlschrank. „Guten Morgen, Mausi! Ich wollte dir hiermit einen besonders schönen Tag wünschen und freue mich darauf, dich heute Abend wieder in die Arme zu schließen! In Liebe, dein Schatz!“

Der genaue Wortlaut ist selbstverständlich frei wählbar, hier gibt es viele Möglichkeiten. Hauptsache es ist etwas Liebes, das deiner/deinem Verlobten ein Lächeln ins Gesicht zaubert.

39. Versteckte Überraschungen

Hast du für deine Partnerin/deinen Partner schon mal eine Überraschung versteckt? Zum Beispiel ein kleines Geschenk oder eine andere süße Aufmerksamkeit? Positive Überraschungen kommen grundsätzlich gut an, sofern sie gut gemanagt werden. Sind deinem Schatz beispielsweise kürzlich die Kopfhörer kaputtgegangen und sie/er kam bislang noch nicht dazu, sich neue zu holen? Übernimm DU doch einfach diese Aufgabe für sie/ihn und liefere damit zeitgleich eine schöne Überraschung. Verstecke sie im Anschluss zum Beispiel in ihrer/seiner Jackentasche. Auf jeden Fall an einem Ort, wo sie/er das Geschenk auch ganz sicher finden wird.

Es muss noch nicht einmal zwangsläufig ein teures Geschenk sein. Selbst Kleinigkeiten wie eine Süßigkeit können wahre Wunder bewirken. Manchmal benötigt es nur eine kleine Aufmerksamkeit, die der Partnerin/dem Partner ein glückliches Gefühl verschafft.

40. Pausensnack zubereiten

Wir leben in einem Zeitalter, in dem in den Mittagspausen nicht selten auf einen Döner, eine Thai Box oder auf eine Portion Pommes zurückgegriffen wird. Schuld daran ist häufig die Faulheit, sich vor der Arbeit selbst ein Mittagessen zuzubereiten, das später gegessen wird. Dabei wäre diese Option häufig viel gesünder und auch günstiger…

Bereite deiner/deinem Liebsten doch einfach mal einen gesunden Mittagssnack zu, den sie/er sich auf die Arbeit mitnehmen kann. Das kann ein selbst belegtes Brötchen mit Avocado, oder auch ein leckerer Früchte-Smoothie sein. Hier sind der Kreativität wieder einmal keine Grenzen gesetzt. Mit Sicherheit weißt du ohnehin, was ihr/ihm besonders gut schmeckt.

41. Kaffee für unterwegs

Wir müssen nicht nur an unsere Partner, sondern auch an unsere Umwelt denken! Gehörst du auch zu jenen Menschen, die durchgehend darum bemüht sind, kleine Beiträge zu leisten, um damit am Ende Gutes zu tun? Dann wird dir folgender Tipp bestimmt gefallen!

Irgendwo seid ihr es beide leid, täglich (vielleicht sogar mehrmals?) 50 Cent für einen Kaffee aus dem Automaten auszugeben? Das muss kein Dauerzustand sein. Besorgt euch zwei effektive Thermoskannen, die ihr täglich mit hauseigen zubereitetem Kaffee auffüllt und zur Arbeit mitnehmt. Daraus kann sogar ein richtiges Ritual entstehen. Macht euch eure Kaffees morgens gegenseitig genauso, wie ihr ihn gerne trinkt. So denkt ihr während der Arbeit nicht nur häufiger an eure Partnerin/euren Partner, sondern spart auf Dauer auch sehr viel Geld und Plastikmüll!

42. Schaum auf Cappuccino verzieren

Bestimmt wart ihr schon einmal in einem Caffè, in dem der Schaum auf eurem Cappuccino so richtig schön kreativ in Szene gesetzt war. In Form eines Herzchens, einer Blume oder eines Vogels. Hier sind etwas Übung und Knowhow gefragt, um ein solches Kunstwerk zu kreieren. Allerdings gibt es hierfür jede Menge Tipps und Tutorials im Internet. Warum also nicht einmal selbst versuchen? Es wäre eine sehr kreative Idee, seinen Schatz mit einem solch ungeahnten Talent zu überraschen.

43. Besonderer Überraschungsbrief

„Oh nein, ist da schon wieder eine Rechnung gekommen?“ Keine Sorge, das wird nur ein besonders romantischer Streich!

Sucht euch hierfür am besten eine alte Rechnung (z.B. Stromrechnung oder GEZ) raus, macht eine Kopie und ladet sie auf den Rechner. Bearbeitet sie nun etwas, so dass es auf den ersten Blick tatsächlich so aussieht, als handle es sich um eine offizielle Rechnung. Belasst am besten das Logo, so dass euer Schatz zunächst keinen Verdacht schöpft. Jetzt beginnt der kreative Teil. Tauscht zum Beispiel den Betreff „Stromrechnung“ durch „Kussnachzahlung“ und den zu zahlenden Betrag durch beliebig viele Küsse aus. Als Gläubiger nennt ihr euch selbst. Im Anschluss druckt ihr euren kleinen „Fake“ aus, steckt ihn in einen Briefumschlag und schickt den Brief an eure eigene Adresse.

Euer Schatz wird ordentlich Augen machen, auf was für eine ausgefallene Idee ihr hier gekommen seid!

44. Gemeinsames Tagebuch führen

Das Leben ist sehr kurz und geht wahnsinnig schnell vorüber. Auch wenn man's häufig nicht glauben mag, so wird im Idealfall schon sehr bald der Tag kommen, an dem ihr feststellen werdet, dass ihr bereits seit einem Jahr zusammen seid. Und schon folgt das nächste und bald darauf schon wieder ein weiteres. Und ehe ihr es euch verseht, seid ihr bereits zehn Jahre oder gar länger miteinander verheiratet. In dieser Zeit ist sehr viel passiert und es ist nahezu unmöglich, sich an alles Vergangene zu erinnern. So vieles flutscht einfach durch, das ist sehr schade. Doch auch diesbezüglich haben wir eine großartige Idee, alles Erlebte künftig für immer zu behalten: Ein gemeinsames Liebestagebuch!

Hierfür nehmt ihr ein leeres Buch, das ihr fortan mit beliebigen Erinnerungen füllt. Egal ob mit Stichworten, ausgiebigen Sätzen oder auch mit besonderen Fotos – für euer persönliches Liebestagebuch gibt es keinerlei Regeln und Grenzen! Je detaillierter ihr eure Erlebnisse und Erfahrungen ausführt, umso leichter wird es euch später einmal fallen, euch an die damalige Situation zurückzuerinnern. Das wird sich lohnen, garantiert!

45. Aufzählung von geliebten Dingen

Vermutlich wisst ihr ganz genau, was euch beide in Kombination sehr glücklich macht. Hierbei kann es sich um einen besonderen gemeinsamen Lieblingsfilm, um ein gemeinsames Lieblingsessen oder auch um ein geliebtes Urlaubsziel handeln. Im Idealfall gibt es mehrere Dinge, die ihr mit eurer/eurem Liebsten gar nicht oft genug erleben könnt. Notiert euch diese Sachen am besten einmal ausführlich, um euch immer wieder vor Augen zu halten, wie viel Freude ihr dadurch bereits in der Vergangenheit erlebt habt. Und künftig noch weiter damit erleben wollt.

46. Pflanze als Symbol der Liebe

Einer oder beide von euch verfügen über einen grünen Daumen? Perfekt! Somit sollte die nächste Liebesbotschaft keinerlei Probleme mit sich bringen.

Unternehmt einen ausgiebigen Bummel durch ein Gartenfachgeschäft und schaut euch in aller Ruhe unter den vielen schönen Pflanzen um. Möglicherweise ist eine dabei, die euch beiden ganz besonders ins Auge sticht und die ihr am Ende mit nach Hause nehmt. Diese gemeinsam gekaufte Pflanze wird künftig als Symbol für eure Liebe stehen. Pflegt sie liebevoll und schenkt ihr eure Aufmerksamkeit. Somit ergibt sich eine Art Sinnbild dafür, dass eure Liebe niemals verwelken soll. Denn auch die Liebe muss durchgehend gehegt und gepflegt werden.

47. Nummernschilder mit gemeinsamen Initialen

Sofern ihr beide Besitzer eines eigenen PKWs seid, gibt es noch einen weiteren romantischen Tipp, den ihr für euer Auto nutzen könnt. Lasst euch hierfür personalisierte Nummernschilder mit euren Initialen anfertigen. Das kostet nicht die Welt und ist eine sehr süße Geste. Solltet ihr beispielsweise Lena und Adrian heißen, nehmt hinter den Initialen des gemeldeten Wohnortes LA oder AL und als Zahlenfolge das Jahr eurer Hochzeit oder eures Kennenlernens. Zum Beispiel M-LA-2022.

48. Foto am Arbeitsplatz aufstellen

Ihr vermisst eure Partnerin/euren Partner regelmäßig, wenn ihr auf der Arbeit seid? Keine Sorge, hier gibt es eine tolle Option, die euch diesbezüglich leichter über den Tag helfen dürfte. Womöglich ist sie/er ohnehin schon seit vielen Monaten das Hintergrundbild auf deinem Handy. Aber dieses ist bei der Arbeit im Regelfall auch nicht immer parat. Besorgt euch doch einfach einen schönen Bilderrahmen und macht ein

Foto eures Schatzes hinein. Diese Option eignet sich vor allem, wenn ihr täglich am gleichen Schreibtisch sitzt, oder vielleicht sogar über ein eigenes Büro verfügt. Andernfalls ist auch ein Foto im Spint eine süße Idee. Und symbolisiert zeitgleich, dass ihr treu seid und zu eurem Schatz steht…

49. Gutschein ausschreiben

Was macht deinem Schatz denn besonders viel Freude? Abgesehen von dir natürlich… Ein Ausflug ins Kino? Ein Besuch im Fußballstadion? Ein gutes Buch? Was ihr/ihm auch immer viel bedeutet, sollte zweifellos von dir Bestätigung finden. Nicht nur durch die Tatsache, dass du ihr/ihm diese Beschäftigung grundsätzlich zugestehst, sondern auch dadurch, dass du es bewusst förderst. Zum Beispiel durch einen schönen Gutschein diesbezüglich. Ein Gutschein ist grundsätzlich immer eine großartige Sache, ganz besonders dann, wenn dein Schatz überhaupt nicht damit rechnet. Natürlich können auch Gutscheine mit anderen Inhalten ausgestellt werden. Zum Beispiel für eine ausgiebige Massage oder ein selbstgekochtes Abendessen.

50. Kette aus zwei Teilen

Kennt ihr die berühmten Ketten in Form von halben Herzen? Ein ultimativer Liebesbeweis! Diese Ketten können bei diversen Juwelieren angefertigt, inzwischen jedoch auch problemlos übers Internet bestellt werden. Sobald die Ketten da sind, trägst du fortan die Hälfte mit dem Namen deiner/deines Verlobten, während sie/er hingegen den Teil mit deinem Namen darauf trägt. Ein Schmuckstück mit persönlicher Gravur ist eine sehr romantische Geste!

51. Foto Collection

Inzwischen gibt es unzählige Bilderrahmen mit verschiedenen Designs. Auch Collage Rahmen, wo gleich mehrere Fotos nebeneinander Platz finden. Wie wäre es mit einer Collection von dir und deinem Schatz? Am besten mit Bildern aus unterschiedlichen Tagen und Perspektiven, so dass sich am Ende eine Art Chronik daraus ergibt.

52. Etwas stricken

Für manche ist es ein beruhigendes Hobby, für andere dagegen eine Form persönlicher Kreativität. Zugegeben steht Stricken inzwischen nicht mehr bei allzu vielen Menschen auf dem Tagesplan, was vor rund 50 Jahren noch ganz anders aussah. Gehörst du zufällig zu jenen Menschen, die stricken können? Dann mach dir diese Fähigkeit doch auch in eurer Partnerschaft zunutze und wähle ein geeignetes Objekt. Ein paar warme Socken für den Winter, ein kuscheliger Schal oder auch ein paar Topflappen. Persönlicher kann ein Geschenk wohl kaum ausfallen…

53. Süßes Stofftier verschenken

Für manche ist es einfach nur kitschig, für andere dagegen eine süße Geste. Ein niedliches Stofftier, das so richtig knuffig dreinschaut. Stofftiere gibt es wie Sand am Meer, die Auswahl ist vielfältig. Wie wäre es, wenn du deiner/deinem Verlobten ein Kuscheltierchen schenkst? Wenn du diesbezüglich etwas unkreativ bist, könntest du dir beispielsweise einige Dinge überlegen. Was ist ihr/sein Lieblingstier? Mag sie/er eventuell Fantasy Figuren? Vielleicht auch einen Charakter aus einem Videospiel? Vielleicht dürften dir diese Überlegungen bei der

Wahl des passenden Kuscheltiers ein wenig auf die Sprünge helfen.

54. Romantisches Candlelight Dinner

Ein Candlelight Dinner gehört definitiv zu den Top Ten der romantischsten Gesten aller Zeiten! Kein Wunder, immerhin ist es Romantik schlechthin! Verdunkelter Raum, Kerzenschein, harmonische Hintergrundmusik… was kann wohl noch romantischer sein? Klarer Fall, ein Candlelight Dinner für dich und deinen Schatz! Hole dir diesbezüglich am besten im Internet ein paar Anregungen, die du anschließend zuhause umsetzen kannst. Eine solch romantische Geste eignet sich besonders gut an einem Wochenende, da hier im Regelfall der Kopf freier ist. Wer jedoch ganz spontan sein möchte, kann es natürlich jederzeit einplanen.

55. Von der Arbeit abholen

Meistens fährt dein Liebling allein mit dem Bus zur Arbeit oder geht zu Fuß? Sorge diesbezüglich für etwas Abwechslung, indem du sie/ihn von ihrer/seiner Arbeit abholst. Am besten als Überraschung und ganz ohne Vorankündigung. So könnt ihr einen gemeinsamen Spaziergang nach Hause unternehmen, wobei sie/er sich gleichzeitig auch die Arbeitssorgen von der Seele reden kann. Manchmal muss das einfach sein.

56. In der Mittagspause besuchen

Sofern eure Arbeitsstellen nicht viele Kilometer auseinanderliegen, wäre es doch mal eine wirklich schöne Überraschung, wenn du deinen Liebling ganz spontan in der Mittagspause überraschen würdest. So fällt der lange

Arbeitstag deutlich schöner und auch kürzer aus. Der Feierabend ist nicht mehr weit entfernt…

57. Gemeinsam blau machen

Grundsätzlich ist es alles andere als vorbildlich und auch eine Spur verantwortungslos seinem Chef und den Kollegen gegenüber. Auf keinen Fall sollte es zur Selbstverständlichkeit werden und wenn überhaupt eine Ausnahme bleiben. Aber einmal im Leben darf man es sich erlauben…

Bleibt gemeinsam der Arbeit fern, indem ihr euch krankmeldet. Verwendet ggf. auch einen übriggebliebenen Urlaubstag, den ihr auf einen gemeinsamen Tag festlegt. Die Hauptsache ist, dass ihr einmal außerplanmäßig zusammen sein könnt und euch einen gemeinsamen blauen Tag der Auszeit gönnt. Am besten gemütlich auf dem Sofa, so dass ihr auf keinen Fall „ertappt“ werdet.

58. Spontantrip

Das Leben ist zu kurz für Eintönigkeit und Langeweile! Also schnappt euch eure sieben Sachen und fahrt übers Wochenende ganz spontan weg. Wohin? Das bleibt ganz euch überlassen! In ein romantisches Hotel, in die Berge, zu guten Freunden oder auch zu Verwandten – hier habt ihr freie Auswahl. Manchmal braucht es im Leben etwas Spontanität, um den regulären Alltag besser zu bewältigen.

KULINARISCHE STUNDEN – LIEBE GEHT DURCH DEN MAGEN

Die meisten Menschen essen für ihr Leben gerne. Das ist nicht verwunderlich, schließlich werden beim Essen jede Menge Glückshormone freigesetzt und dem Körper wird Energie geliefert. Somit kommt der Spruch „Liebe geht durch den Magen" auch nicht von irgendwoher, sondern hat durchaus seine Berechtigung. Essen ist schön, Liebe ist schön. Was ist also noch schöner? Ganz klar, eine Kombination aus beidem. Genießt gemeinsam kulinarische Momente, die euch beiden nicht nur durch den Magen, sondern gleichzeitig auch durch euer Herz gehen!

59. *Ein neues Restaurant entdecken*

Habt ihr bereits ein gemeinsames Lieblingsrestaurant, in dem ihr regelmäßig miteinander essen geht? Das ist eine prima Sache, viele Paare haben ein gemeinsames Stammlokal. Doch das Leben ist zu kurz, um immer die gleichen Dinge zu wiederholen. Geht gemeinsam auf Entdeckungstour und findet zur Abwechslung ein neues Restaurant, in dem ihr euch wohlfühlt und leckere Gerichte ausprobieren könnt. Darüber hinaus kann das gemeinsame Entdecken neuer Restaurants auch als Gelegenheit genutzt werden, um verschiedene Orte und Umgebungen zu erkunden. Es kann eine großartige Möglichkeit sein, gemeinsam einen neuen Stadtteil oder eine neue Gegend zu erkunden und dabei neue Eindrücke und Erfahrungen zu sammeln. Die gemeinsame Entdeckung neuer Restaurants kann eine großartige Möglichkeit sein, um als Paar neue kulinarische Erlebnisse zu teilen und gemeinsam neue Eindrücke zu sammeln.

60. *Gemeinsam kochen*

Kocht ihr regelmäßig oder gehört ihr eher zur Kategorie Tiefkühlpizza und Dosenravioli? Gemeinsam kochen ist eine wunderbare Sache, die mit ein bisschen Übung nicht nur Spaß macht, sondern gleichzeitig vollkommen neue kulinarische Türen öffnet. Habt ihr vielleicht sogar ein gemeinsames Essen, das euch beiden gut schmeckt? Das ihr bis dato jedoch nur im Restaurant gegessen habt. Nehmt euch die Zeit und probiert dieses Gericht doch einfach mal zuhause aus. Aber natürlich könnt ihr alles kochen, wonach euch gerade der Sinn steht. Im Internet gibt es tausend großartige Rezepte mit ausführlichen Anleitungen. Teilt euch die Aufgaben in der Küche effektiv ein. So kann einer zum Beispiel das Gemüse schneiden, während der andere seinen Fokus auf die perfekte Soße richtet. Am Ende kreiert ihr mit vereinten Kräften etwas ganz Leckeres, das doppelt so gut schmeckt, weil ihr es gemeinsam gezaubert habt!

61. Neue Gerichte ausprobieren

Die meisten Menschen legen ihren Fokus auf spezielle Lieblingsgerichte, die sie im Wechsel kontinuierlich wiederholen. Geht es euch ähnlich? Esst auch ihr regelmäßig die gleichen Dinge, die ihr ganz besonders gerne mögt? Daran gibt es nichts auszusetzen, jeder hat seine kulinarischen Favoriten. Andererseits ist es auch niemals verkehrt, seinen Fokus diesbezüglich zu erweitern und auch mal neue Dinge auszuprobieren.

62. Süße Nachspeise servieren

Was wäre das perfekte Essen ohne den passenden Nachtisch? Mit Sicherheit nicht dasselbe! Sucht euch ein gutes Rezept heraus und bereitet gemeinsam einen köstlichen Nachtisch vor, den ihr nach der Hauptspeise gemeinsam verzehrt. Wie wäre es mit einem leckeren Soufflé? Oder einem Tiramisu? Eine gute Idee wäre auch eine delikate Zitronencreme im Glas oder eine glasierte Frucht. Bei so vielen tollen Ideen läuft einem doch glatt das Wasser im Munde zusammen, oder?

63. Einen Kochkurs belegen

Ihr sucht nach einer gemeinsamen Freizeitbeschäftigung, um euren Horizont zu erweitern? Hier käme ein Kochkurs für euch beide infrage, den ihr gemeinsam belegt. Gemeinsam mit anderen Menschen in einer Gruppe zu kochen ist nochmal etwas völlig anderes, als sich zuhause durch diverse Neuland-Rezepte zu kämpfen. Hier sind echte Profis am Werk, die euch diverse Insidertipps geben und eure Kochkünste so richtig aufwerten können. Vor allem keine schlechte Idee für die Zukunft, wenn eines Tages Kinder geplant sind. Diese sollen schließlich von Anfang an durch eine vielfältige, gesunde und auch leckere Kost versorgt werden.

64. *Gemeinsam ein Menü aus mehreren Gängen zaubern*

Diese Idee mag zwar etwas aufwändig, am Ende jedoch durchaus lohnend sein: Ein Menü mit mehreren Gängen. Beginnt hierfür mit einer besonderen Vorspeise, zum Beispiel einer Suppe oder einem Salat. Den Hauptgang könnt ihr nach eurem persönlichen Geschmack beliebig gestalten. Macht euch Gedanken über Beilagen, Soßen etc., bevor ihr mit dem Kochen beginnt. Zum Schluss noch ein delikater Nachtisch und schon ist das Menü, das aus mehreren Gängen besteht, fertig! Sollte es euch zu aufwändig sein, nur für euch allein zu kochen, so könnt ihr natürlich auch eure Freunde oder die Familie zum Essen einladen.

65. *Natürliche & gesunde Küche*

Die Wirkung von gesundem Essen auf unseren Körper wird leider häufig unterschätzt. Es ist sehr wichtig, den Körper regelmäßig mit wichtigen Vitaminen und Spurenelementen zu versorgen, damit wir gesund bleiben. Um der Gesundheit etwas Gutes tun, haben wir alle den einen magischen Raum zuhause, der unsere Gesundheit langfristig unterstützen kann: Unsere Küche! Dort können wir uns gesundes Essen zubereiten, was natürlich mit dem/der Verlobten noch deutlich mehr Spaß machen dürfte als allein. Denkt immer daran, viel frisches (regionales) Obst und Gemüse in eure Gerichte zu integrieren und verzichtet möglichst auf Fertiggerichte, die meistens viel Zucker, Fett und

Geschmacksverstärker beinhalten.

66. *Vegetarisches/veganes Experiment*

Vegetarisches und veganes Essen gewinnt immer mehr an Popularität. Das liegt u.a. an der klimafreundlichen Ernährungsweise und dem Kampf gegen unsagbares Tierleid. Habt ihr Lust, auch mal vegetarisch oder sogar vegan zu essen? Dann probiert euch doch mal gemeinsam durch die vielfältigen Gerichte, um zu sehen, ob euch diese Ernährungsform eventuell auch behagen könnte. Sollte dein/e Verlobte/r bereits Vegetarier/Veganer sein, so machst du ihr/ihm bestimmt eine sehr große Freude, wenn du dich auch mal an diesem Ernährungsschema versuchst. Vielleicht kommst auch du auf den Geschmack…

67. *Pilze sammeln und diese später gemeinsam zubereiten*

Es ist jeden Herbst eine sehr große Freude, durch die Wälder zu streifen und Ausschau nach essbaren Pilzen zu halten. Die Suche macht sehr großen Spaß und ist immer sehr aufregend. Nicht zuletzt die Tatsache, die selbst gesammelten Pilze im Anschluss zu einem köstlichen Gericht zuzubereiten. Also schnappt euch Körbchen und Messer und streift gemeinsam durch die Wälder, um bestenfalls im Anschluss mit einer großen Ausbeute nach Hause zu kommen. Solltet ihr euch mit Pilzen nicht sonderlich gut auskennen, besorgt euch ein kleines Nachschlagwerk oder ladet euch eine App herunter, die Pilze auf ihre Essbarkeit erkennen kann.

68. Obst und Beeren pflücken und etwas daraus zaubern

Im Spätsommer ist Obst- und Beerenzeit! Macht euch gemeinsam auf den Weg und sammelt so viel davon, wie ihr nur könnt. Die gepflückte Ausbeute könnt ihr im Anschluss einfrieren oder direkt verarbeiten. Zum Beispiel für einen gesunden Smoothie oder einen leckeren Obstkuchen. Das Pflücken von Obst und Beeren gemeinsam mit dem Partner oder der Partnerin ist nicht nur eine schöne Möglichkeit, Zeit in der Natur zu verbringen, sondern auch eine Gelegenheit, eine gesunde und köstliche Leckerei zu zaubern. Frisch gepflücktes Obst und frische Beeren sind voller Nährstoffe und Vitamine, die gut für die Gesundheit sind. Durch das gemeinsame Pflücken und Zubereiten des Obstes oder der Beeren können Paare auch ihre kulinarischen Fähigkeiten erweitern und sich gegenseitig inspirieren. Es ist eine unterhaltsame Aktivität, die beide Partner näher zusammenbringt und eine Verbindung zur Natur schafft.

69. Zusammen einen besonderen Drink kreieren

Habt ihr Lust auf einen fruchtigen Cocktail? Und zwar auf einen, den ihr selbst herstellt. Hier muss noch nicht einmal zwangsläufig Alkohol verwendet werden. Es gibt genug Optionen auf einen sehr leckeren Drink. Hierfür könnt ihr auch die Beeren und das Obst verwenden, das ihr im Vorfeld zusammen gepflückt habt. Packt es in den Mixer und macht was Leckeres draus! Vielleicht einen Drink aus Erdbeeren oder Äpfeln? Ergänzt mit etwas Saftschorle oder Ananassaft. Probiert euch diesbezüglich frei aus und seid verrückt!

70. Gemeinsam backen

Am meisten macht hier bekanntlich das Auslecken der Schüssel Spaß, keine Frage. Aber auch der Rest kann sehr lustig werden, wenn man die Sache gemeinsam angeht. Anlässe gibt es schließlich genug. Weihnachten, Ostern, Geburtstage oder auch einfach mal zwischendurch. Backt gemeinsam ein paar leckere Plätzchen und verziert sie im Anschluss mit Glasur und Perlen. Oder kreiert ein süßes Osterlämmchen, das am Ende noch ein Glöckchen um den Hals bekommt. Auch ein Geburtstags- oder Sonntagskuchen kann mit der richtigen Einstellung sehr großen Spaß machen!

71. Pudding kochen und mit Soße verzieren

Lust auf etwas Pudding? Mit Sicherheit, Pudding schmeckt doch einfach jedem! Wer Milchprodukte nicht gut verträgt, kann inzwischen auch auf eine vegane Variante zurückgreifen, die jedoch genauso gut schmeckt. Doch war wäre ein feiner, gestürzter Pudding ohne die richtige Soße? Auch hier ist die Auswahl wieder einmal sehr vielfältig. Vanille- oder Schokosoße ist immer ein Volltreffer! Aber auch Grütze ist eine hervorragende Entscheidung. Wenn ihr jetzt noch besonders kreativ sein wollt, verziert die Soße in Form eines Herzchens (klappt besonders gut mit Grütze) und legt noch ein paar Erdbeeren oder Mandelstreusel obendrauf. Ein wahrer Gaumenschmaus!

Etwas Außergewöhnliches probieren

Genug von Pizza, Pommes und Spaghetti? Dann ist es höchste Zeit für etwas Neues! Wie wäre es einmal mit einem außergewöhnlichen Gericht? Zum Beispiel etwas

Orientalischem oder Indischem? Etwas mit besonderen Gewürzen oder Soßen, was nicht auf jedem Speiseplan steht? Sucht euch hierfür am besten ein gutes Restaurant, das solche Speisen anbietet. Sollte euch das neue kulinarische Experiment zusagen, so könnt ihr einmal freundlich nachfragen. Vielleicht habt ihr Glück und das Restaurant verrät euch einige geheime Details darüber, wie ihr dieses Gericht auch zuhause zubereiten könnt.

72. Das Leibgericht der Partnerin/des Partners kochen

Mit Sicherheit kennst du das Lieblingsessen deiner/deines Verlobten. Überrasche ihn doch mal damit, wenn sie/er von der Arbeit nach Hause kommt. Oder zu einem anderen Zeitpunkt, wenn du genug Zeit hast, seine Leibspeise in aller Ruhe zuzubereiten. Es soll schließlich auch gut schmecken! Bestimmt wird sie/er sich mächtig darüber freuen und sich im besten Fall bei passender Gelegenheit dafür revanchieren.

FÜR SPORTBEGEISTERTE

Sport und Bewegung sind nicht nur gesund für unseren Körper, sondern fördern auch gleichzeitig unsere allgemeine Motivation im Leben. Beim Sport wird unterbewusst unser Durchhaltevermögen angeregt, so dass wir immer weiter dazu bestrebt sind, neue Ziele im Leben zu erreichen. Bist du ein echter Sportfan oder doch eher eine Couchpotato? Auch zweites ist kein Problem, wenn du die Motivation dazu findest, dich einmal gezielt aufzuraffen und mit deinem Schatz gemeinsam die Freuden von sportlichen Aktivitäten entdecken möchtest. Es wird sich lohnen, garantiert!

73. Langer Spaziergang durch den Wald

Einem Spaziergang im Wald werden mitunter sogar heilende Kräfte nachgesagt. Das liegt an den vielen Bäumen, die einen positiven Einfluss auf unseren Mechanismus haben. Ganz zu schweigen von der Ruhe und der Naturverbundenheit, die wir in Wäldern finden. Geh zusammen mit deiner/deinem Verlobten ruhig häufiger im Wald spazieren und genießt gemeinsam die Ruhe, den Duft der Tannennadeln und den Gesang der Vögel. Macht gerne einen ausgiebigen Spaziergang draus, auf welchem ihr von allen Sorgen abschalten könnt. Ihr werdet sehen, Wälder haben eine heilende Wirkung!

74. Joggen gehen

Raus mit den Sportschuhen, jetzt wird etwas Sport gemacht! Joggen ist eine tolle Möglichkeit für euch, langfristig fit zu bleiben und euren ganzen Körper zu trainieren. Und gemeinsam macht's natürlich wie bei allem doppelt so viel Spaß! Solltet ihr noch blutige Anfänger sein, steigert euer Tempo ganz langsam, um nicht mit Muskelkater bestraft zu werden. Informiert euch weiterhin über die richtige Körperhaltung und die entsprechende Technik, um keine Knieprobleme zu kriegen. Am besten fangt ihr auf weichem Untergrund an, zum Beispiel auf einem Feldweg oder im Wald. Ihr werdet bemerken, wie sich euer Körper im Laufe der Zeit zum Positiven verändern wird.

75. Badminton, Tennis oder Volleyball

Zeit für ein bisschen Spaß und gleichzeitig gesunde Bewegung! Sucht euch gemeinsam mit eurer/eurem Verlobten einen geeigneten Platz, um verschiedene Ballsportarten zu vollziehen. Auch die Mitgliedschaft in einem Verein könnte eine super Option sein, wenn euch die Sportart auf Dauer großen Spaß macht. Hier werdet ihr höchstwahrscheinlich viele nette Menschen kennenlernen, zu denen sich eventuell eine gute Freundschaft etabliert.

76. Seilspringen

Erweckt die inneren Kinder in euch, greift zum Springseil und ab auf den Hof! Seilspringen ist in der Tat nicht nur eine Aktivität für Kinder, sondern auch für aktive Erwachsene. Vielleicht dauert es etwas, bis ihr eure Technik aus Kindertagen wieder „perfektioniert" habt. Aber es wird sich allemal lohnen! Seilspringen zählt zu den beliebtesten Sportarten, hält den ganzen Körper fit, steigert die Kondition und verbrennt daneben auch noch jede Menge Kalorien.

77. Pilates

Pilates ist ein effektives Ganzkörpertraining, das sowohl die Muskulatur im Beckenboden, im Bauch und in der Rückenmuskulatur kräftigt, als auch eine geistige Verbindung zu seinem eigenen Körper herstellt. Regelmäßig angewendet, werden durch Pilates wahre physische Wunder vollbracht. Grund genug, dich auch mal mit deiner/deinem Verlobten daran zu versuchen? Tut euren Körpern gezielt etwas Gutes und besucht gemeinsam einen entsprechenden Kurs.

78. Schaukeln

Als Kind konntest du es kaum erwarten, endlich den Spielplatz zu stürmen und dich auf die Schaukel zu schwingen? Zugegeben so ab und zu vermisst du es schon irgendwie, oder? Wenn ja, so wäre dies doch die optimale Gelegenheit, dir diesen Spaß aus Kindertagen zurückzuholen. Schnapp' dir deinen Partner, sucht einen nahegelegenen Spielplatz auf und schaukelt fröhlich um die Wette! Sollte euch diese Aktion ein wenig peinlich sein, so wartet einfach bis in die frühen Abendstunden, wenn der Spielplatz nicht mehr allzu stark besucht sein dürfte.

79. Hanteltraining

Kräftige Schultern und eine starke Armmuskulatur ist nicht nur etwas für selbsternannte Spitzensportler, die mindestens 5-mal die Woche ein Fitnessstudio aufsuchen. Gleichzeitig ist ein regelmäßiges Hanteltraining auch für jeden geeignet, der seine Kraft und Beweglichkeit verbessern möchte. Und sei es auch nur für den ganz normalen Alltag, ein gewisser Grad an Fitness ist nie verkehrt. Überzeuge deinen Partner davon, gemeinsam mit dir Gewichte zu stemmen. Hierbei muss es sich um keine 30-kg Hanteln wie im Fitnessstudio handeln. Selbst das regelmäßige Stemmen von normalen 1,5l Wasserflaschen bewirkt auf Dauer eine Veränderung. Gemeinsam machen die vielen Wiederholungen noch deutlich mehr Spaß!

80. Wettschwimmen

Für den Fall, dass ihr beide schwimmen könnt: Jetzt wird's spritzig! Besucht gemeinsam ein Schwimmbad oder einen See, stürzt euch in die Fluten und startet ein lustiges Wettschwimmen gegeneinander. Der Verlierer muss dem Sieger anschließend ein leckeres Eis vom Kiosk spendieren – das steigert die Motivation!

81. Fußball spielen

Olé, olé, olé, olé! In erster Linie sind es ja die Männer, für die Fußball einen solchen Stellenwert einnimmt, wie die Luft zum Atmen. Bei vielen scheint Fußball schon fast wie eine eigene Religion zu fungieren, die nicht nur im Stadion, sondern auch vor dem Fernseher regelmäßig das Adrenalin hochkochen lässt. Doch es gibt auch genügend Frauen, die diese Leidenschaft ihrer Liebsten teilen und sich vom Fanfieber anstecken lassen. Warum also nicht mal selbst ein kleines Match spielen?

82. Gemeinsam ins Fitnessstudio gehen

Der regelmäßige Besuch von Fitnessstudios hat sich insbesondere in den vergangenen Jahren zu einem regelrechten Hype entwickelt. In einer Zeit, in der jeder einen möglichst makellosen und gleichzeitig starken Körper haben möchte, wäre es doch die perfekte Gelegenheit, gemeinsam mit seiner/seinem Verlobten regelmäßig ins Fitnessstudio zu gehen, um den Körper so richtig in Schwung zu bringen. Ein effektives gemeinsames Ritual, was sich beispielsweise auf den gemeinsamen Feierabend oder das Wochenende legen lässt.

83. Turnübungen im Fitnesswald

Gibt es einen Wald in eurer Umgebung, in dem verschiedene Sportgeräte angebracht sind? Solche Wälder findet man an einigen Orten in Deutschland, sie sind bei Spaziergängern und Touristen äußerst beliebt. Hier beginnt eine Tour auf einem vorgegebenen Sportpfad, auf welchem sich mehrere Stationen mit Geräten zur sportlichen Ertüchtigung befinden. Zum Beispiel Ringe zum Hochziehen, Balken zum Springen, Stangen zum Hangeln oder auch Podeste, die für verschiedene Übungen wie Situps oder Liegestützen vorgesehen sind. Hier ist für jeden etwas dabei, auch für blutige Anfänger. Durchlaufe mit deiner/deinem Liebsten alle Stationen und findet gemeinsam heraus, in welchen Sportarten ihr besonders gewandt seid.

MUSIKALISCHE STUNDEN

Musik ist eine eigene Form der Liebe. Mit ziemlicher Sicherheit hörst auch du sehr gerne Musik, der Großteil von uns tut das. Vor langer Zeit noch mit Hilfe von Schallplatten, dann kamen etwas später Walk- und Discman ins Spiel. Inzwischen wird Musik zum großen Teil über Internetplattformen wie Spotify oder Deezer gehört, kabellose Kopfhörer gehören schon lange zu unserem Alltag. Aber auch das Radio läuft noch regelmäßig bei vielen Musikfans. Ganz egal, auf welchem Wege du deine Lieblingslieder konsumierst, so kannst du dir sicher sein, dass es noch deutlich schöner ist, Musik zu zweit zu genießen. Am besten mit deiner/deinem Verlobten. Doch es geht nicht nur darum, Musik zu hören, sondern diese auch anderweitig in euer Leben zu integrieren. Schon mal selbst gesungen?

84. Gemeinsam Liebeslieder singen

Singen macht fröhlich! Selbst wenn man es eigentlich gar nicht kann, so macht es dennoch großen Spaß, hin und wieder ausgelassen vor sich hin zu singen. Ob beim morgendlichen Anziehen oder unter der Dusche. Das haben bereits sehr viele Menschen festgestellt. Grundsätzlich ist es jedoch sehr schade, immer nur alleine zu singen, wenn keiner zuhört. Bei manchen möglicherweise auch zurecht, doch das sei einmal dahingestellt. Wäre es nicht lustig, gemeinsam mit seiner Partnerin/seinem Partner zu trällern? Nur ihr beide und sonst niemand. Gönnt euch diesen Spaß und singt gemeinsam ein Lied, das ihr beide kennt und das euch gefällt. Auf einer langen Autofahrt oder auch beim gemeinsamen Kochen. Gemeinsam Singen macht großen Spaß – ganz besonders, wenn es sich um ein Liebeslied handelt.

85. Eigenen Song schreiben und vorspielen

Fragt ihr euch manchmal, wie es den ganz großen Künstlern gelingt, einen derartigen Welthit ins Leben zu rufen? Hierfür sind häufig kreative Songwriter zuständig. Viele große Künstler schreiben ihre Werke jedoch auch selbst. In ihren Liedern singen sie über verschiedene Themen, die sie aktuell bewegen. So auch nicht selten über das Thema Liebe. Habt ihr jemals daran gedacht, euch selbst einmal an einem eigens komponierten Text zu versuchen? Das solltet ihr unbedingt tun! Selbst wenn ihr über keine virtuosen Fähigkeiten verfügt, so könnt ihr zumindest einen schönen Text schreiben. Vielleicht sogar einen Liebessong für eure/euren Verlobte/n.

86. Bestehenden Song für Partner/in umschreiben

Wäre es nicht sehr amüsant, wenn ihr einen bestehenden Liebessong für eure Partnerin/euren Partner einmal gänzlich umformuliert? Verändert hierfür einige Textpassagen von bereits bestehenden Liedern. Hierbei dürft ihr vollkommen kreativ sein. Nehmt am besten einen Song, bei dem ihr sowohl den Text als auch den bestehenden Namen anpassen könnt.

Zum Beispiel den Song „Anita".

Originaltext:

Ich fand sie irgendwo, allein in Mexiko

Anita (Anita)

Beispiel mit Umdichtung:

Ich fand sie irgendwo, allein in der Disco

Marina (Marina)

Von nahezu jedem Lied gibt es heutzutage eine Karaoke Version. Diese könnt ihr euch herunterladen und im Anschluss selbst besingen. Wenn ihr technisch nicht sonderlich gewandt seid, nutzt einfach die Funktion der Sprachmemo auf eurem Handy. Eine besonders witzige und gleichzeitig romantische Geste.

87. Karaoke singen

Karaoke zu singen ist ein sehr großer Spaß, der gleichzeitig ein bisschen Mut fordert. Ganz besonders Menschen, die nicht besonders gut singen können, müssen hier erst einmal warm werden, bevor sie den lustigen Spaß so richtig genießen können. Ist die erste Scham jedoch überwunden, so kommen viele Menschen beim Karaoke so richtig aus sich heraus und manche entdecken auch vollkommen neue Fähigkeiten. Überrede deine Verlobte/deinen Verlobten zu einem lustigen Karaoke Abend, der sich gerne im Beisein von Freunden abspielen darf.

88. Songs aus der Kindheit erraten

Kannst du dich noch daran erinnern, welche Songs während deiner Kindheit rauf und runterliefen? Die bei jeder sich bietenden Gelegenheit auf VIVA, MTV oder im Radio ausgestrahlt wurden? War das nicht auch etwas ganz Besonderes? In einer Welt fernab von Spotify und YouTube. Nostalgie pur! Ist deine Verlobte/dein Verlobter ungefähr im selben Alter wie du? Perfekt, dann seid ihr ja die gleiche Generation! Und diese solltet ihr für folgenden Spaß auch sein. Singt oder summt euch gegenseitig Lieder aus eurer Kindheit vor, die ihr selbst noch in guter Erinnerung habt und lasst sie euren Schatz erraten. Das Ganze geht immer im Wechsel. Mal sehen, an wie viele große Hits ihr euch noch erinnern werdet.

89. Eine CD oder Playlist für den Schatz erstellen

Das Zeitalter von CDs stirbt zunehmend aus. Inzwischen werden Songs größtenteils via Spotify oder auf anderen Plattformen im Internet gehört, für die es entsprechende Abos gibt. Hier müssen wir wohl etwas mit der Zeit gehen. Aber eventuell gehört ihr ja auch zu jener Generation, die sich hin und wieder noch CDs anhört. In diesem Fall könnt ihr eurem Schatz eine personalisierte CD brennen, auf der sich sämtliche Lieblingslieder von ihr/ihm befinden. Verseht diese gerne mit einem selbstgestalteten Cover, das ihr auf eine alte CD-Hülle aufklebt. Alternativ loggt ihr euch heimlich in ihren/seinen Spotify Account und erstellt eine ganz persönliche Playlist. Alternativ zu den Playlisten, die sie/er bereits hat. Gebt der Liste einen süßen Namen wie z.B. „Für meinen Schatz", oder „Mausis Lieblingshits", so dass sie/er sofort versteht, was hier eigentlich gemacht wurde. Bestimmt wird sie/er sich über die aufmerksame Geste freuen.

90. Konzertkarten für die Lieblingsband

Der Lieblingssänger deiner/deines Verlobten ist demnächst in der Nähe? Das muss selbstverständlich ausgenutzt werden! Mache dich schnell daran, ein paar gute Karten zu ergattern, damit ihr dieses besondere Event gemeinsam genießen könnt. Die Augen deines Schatzes werden groß, wie Christbaumkugeln werden, wenn sie/er mit einem solchen Geschenk überrascht wird!

Denn: Gemeinsam zu einem Konzert der Lieblingsband zu gehen kann eine sehr intensive und emotionale Erfahrung sein, die Paare noch stärker miteinander verbindet. Musik kann starke Gefühle hervorrufen und es ist ein unvergessliches Erlebnis, die Lieblingsmusik zusammen mit dem Partner oder der Partnerin live zu hören. Man teilt die Begeisterung für die Band, singt und tanzt gemeinsam und kann sich in der Menge der Fans verlieren. Diese Erfahrung kann auch dazu beitragen, dass Paare sich wieder näher kommen, wenn sie sich beispielsweise in einer schwierigen Phase befinden oder sich aufgrund von Stress im Alltag auseinander gelebt haben. Gemeinsame Erlebnisse wie ein Konzertbesuch schaffen eine positive Atmosphäre und können dazu beitragen, dass Paare sich wieder bewusster wahrnehmen und ihre Beziehung intensiver erleben.

91. Gemeinsame Lieblingssongs teilen

Mit Sicherheit gibt es einige Lieder, die euch als Paar beiden gefallen und die ihr gemeinsam gerne hört. Erstelle eine Sammlung dieser Songs und packe sie auf einen USB-Stick oder teile sie in der Spotify Bibliothek, so dass ihr sie auf gemeinsamen Autofahrten anhören könnt. Musik macht sehr glücklich und sorgt für Entspannung im stressigen Alltag. So gesehen können wir alle gar nicht oft genug Musik hören.

Musik verbindet Menschen und kann Emotionen und Erinnerungen wecken. Vielleicht erinnert euch ein bestimmter Song an eure erste Verabredung, den ersten Kuss oder einen gemeinsamen Urlaub. Zusätzlich kann das Teilen von Musik auch dazu beitragen, den Musikgeschmack des Partners oder der Partnerin besser kennenzulernen und zu verstehen. Vielleicht entdeckt ihr sogar gemeinsam neue Bands oder Genres, die ihr beide liebt.

Gemeinsames Musik hören kann auch ein wichtiger Bestandteil von Ritualen oder Gewohnheiten werden. Ein solches könnte sein, dass ihr jeden Morgen dieselbe Playlist hört, um gemeinsam in den Tag zu starten, oder ihr hört bevorzugt bestimmte Songs, um gemeinsam zu entspannen.

92. Ein Lied vor Freunden und Familie performen

Lust auf eine ganz besondere Form der Liebeserklärung an deinen Schatz? Suche dir einen schönen Liebessong aus und performe diesen beim nächsten gemeinsamen Abend mit Freunden oder der Familie. Am besten eignet sich hierfür ein Abendessen in gemütlicher Runde. Jetzt, wo keiner etwas ahnen dürfte, stehst du ganz spontan auf und bringst deiner/deinem Verlobten den zuvor geübten Liebessong, indem du ihn frei heraus singst. Eventuell noch mit musikalischer Unterstützung durch eine Karaoke Version des Songs. Eine solche Liebesbekundung erfordert viel Mut und ggf. musst du dich etwas überwinden. Die Überraschung wird am Ende jedoch nicht mehr zu toppen sein und mit ziemlicher Sicherheit darfst du mit jeder Menge Applaus rechnen.

93. Gemeinsam Instrumente spielen oder lernen

Du spielst bereits ein Instrument? Oder aber du wolltest schon immer damit anfangen, eines zu lernen? Eine weitere perfekte Gelegenheit für Verlobte, um den gemeinsamen Horizont zu erweitern. Sollte keiner von euch bis dato ein Instrument spielen, so könntet ihr euch ein gemeinsames Ziel setzen, eines zu lernen. Ganz egal ob Gitarre, Bass, Trompete oder Keyboard. Die Auswahl ist groß und bestimmt werdet ihr ein Instrument finden, das zu euch passt.

Seid ihr bereits in der Nutzung eines Instruments gewandt? Umso besser! Nutzt die gemeinsame Gelegenheit für ein Zusammenspiel und steigert im Dreamteam eure virtuosen Fähigkeiten! Vielleicht gründet ihr sogar eines Tages eine eigene Band, wer weiß…

94. Romantische Jam Session

Sofern ihr bereits beide eines Instrumentes mächtig seid, könntet ihr die Chance nutzen, um eine coole Jamsession zu starten. Eine solche macht sehr großen Spaß und ihr werdet sehen, was am Ende dabei alles spontan herauskommt. Ganz egal ob romantische Liebeslieder oder wilder Rock'n'Roll – hier bestehen keinerlei Grenzen!

95. Song aufnehmen (für alle, die ein Instrument spielen)

Ran an die Tasten! Es ist Zeit, euren eigenen Song aufzunehmen! Hierbei kann es sich um einen selbstkomponierten, oder aber auch um eine Coverversion handeln. Ganz wie ihr wollt. Es genügt, wenn einer von euch ein Instrument spielen kann und somit euren eigenen Song verwirklicht. Die andere Partei kann sich währenddessen dem Gesang widmen. So könnt ihr euren Lieblingssong musikalisch gemeinsam verwirklichen, aufzeichnen und immer wieder gemeinsam anhören. Ein sehr großer Spaß der euch auch stolz machen dürfte!

96. Belegt einen Tanzkurs

Ein gemeinsamer Tanzkurs bietet zahlreiche Vorteile für Paare, die über das reine Tanzen hinausgehen. Denn Tanzen erfordert nicht nur Körperbeherrschung und Rhythmusgefühl, sondern auch Kommunikation und Zusammenarbeit. Während des Kurses lernt ihr gemeinsam neue Schritte und Bewegungen, auf die ihr euch abstimmen müsst. Dabei lernt ihr, aufeinander zu achten und euch auf eurem Weg zu unterstützen. Durch das gemeinsame Tanzen werdet ihr auch eure körperliche Nähe und Intimität stärken. Es kann eine ganz neue Art von Intimität schaffen, die über Worte und Gesten hinausgeht. Ein gemeinsamer Tanzkurs ist somit auch eine großartige Möglichkeit, um eure Beziehung zu vertiefen und das Vertrauen in eure Partnerschaft zu stärken.

97. Besucht gemeinsam ein Musical

Musicals sind eine wunderbare Möglichkeit, eine gemeinsame Erfahrung zu machen und sich in einer magischen Welt aus Musik, Tanz und Schauspielkunst zu verlieren. Es ist eine einzigartige Gelegenheit, die Fantasie anzuregen und gemeinsam eine besondere Atmosphäre zu genießen. Darüber hinaus können Musicals eine inspirierende Quelle für kreatives Denken sein und neue Ideen und Eindrücke liefern. Musicals bieten oft auch eine Flucht aus dem Alltag und eine Gelegenheit, die Welt durch die Augen anderer zu sehen. Sie können eine erfrischende und inspirierende Erfahrung sein, die die Seele nährt und die Sinne belebt. Und was gibt es Schöneres, als all dies mit der Person zu erleben, die man liebt? Eine gemeinsame Erfahrung, die man immer im Herzen tragen wird.

BRINGE DEINEN SCHATZ ZUM LACHEN!

Lachen ist die beste Medizin und eine solide Grundbasis in jeder Beziehung! Wenn ihr gemeinsam viel miteinander lachen könnt, wird eure Ehe goldene Wurzeln erhalten. Das Leben ist ernst genug und häufig gibt's im tristen Alltag nicht wirklich viel, worüber herzlich gelacht werden kann. Ändert diese Tatsache von Anfang an und haltet euch gegenseitig stets bei Laune. Auf ganz verschiede Arten.

98.Erzählt euch gegenseitig Witze

Humor und Lachen sind wichtige Bestandteile einer glücklichen Beziehung. Sich gemeinsam über Witze zu amüsieren, kann die Beziehung stärken und dafür sorgen, dass beide Partner sich verbunden fühlen. Wenn man lacht, werden Endorphine freigesetzt, die Stress abbauen und ein Gefühl der Entspannung hervorrufen. Witze zu erzählen, kann auch dazu beitragen, dass beide Partner sich wohler fühlen, wenn sie miteinander sprechen, und dass sie sich auf die gemeinsame Zeit freuen.

Du hast auf dem Weg zur Arbeit im Radio einen superlustigen Witz gehört, der dich so richtig zum Schmunzeln gebracht hat? Dann solltest du diesen unbedingt auch deinem Schatz erzählen. Gemeinsam über etwas zu lachen ist noch deutlich schöner als alleine. Kennt ihr möglicherweise sogar eine ganze Palette an guten Witzen? Dann scheut euch nicht davor, sämtliche gute Witze, die ihr kennt, eurem Partner/eurer Partnerin zu erzählen. Gerne auch im gegenseitigen Wechsel, dann wird es noch deutlich lustiger!

99. *Wiederholt gegenseitig lustige Erlebnisse aus der Vergangenheit*

Sind euch in der gemeinsamen Vergangenheit bereits urkomische Dinge passiert? Wie etwa eine versehentlich versendete SMS an jemand anderen? Oder ist euch möglicherweise mal ein fürchterlicher Fauxpas beim Essen passiert, bei dem am Ende eine große Portion Tomatensoße auf der Hose landete? Oder habt ihr einen ganz besonderen Abend mit Freunden verbracht, an welchem das Lachen vollständig überwiegte? Manche dieser Dinge könnten im ersten Augenblick sehr peinlich gewesen sein. Im Nachhinein womöglich jedoch umso lustiger. Lasst nicht zu, dass sämtliche lustige Ereignisse aus der Vergangenheit in Vergessenheit geraten, und erinnert euch regelmäßig daran, damit ihr auch noch in einigen Jahren gemeinsam darüber lachen könnt.

100. *Bewahrt euch viele Insider*

Im Laufe der Zeit häufen sich viele Insider, die nur ihr beide so richtig versteht. Situationen, in denen ihr euch beide anseht und die gleichen Gedanken habt, sobald eine entsprechende

Sache passiert. So müsst ihr beispielsweise beim Anblick eines Crêpes Verkaufsstands immer automatisch daran denken, wie ihr euch einst massiv mit Nutella beschmiert hattet? Kein anderer wird das verstehen können, wenn ihr euch für den Rest eures gemeinsamen Lebens angrinsen werdet, sobald ihr an einem solchen Stand vorbeischlendert. Solche oder ähnliche Insider gibt es zuhauf in einer langjährigen Beziehung. Nicht aber nur Insider, die auf erlebten Geschehnissen basieren. Ebenso gibt es diverse verbale Insider, von denen nur ihr beide die genaue Bedeutung kennt. Nutzt sie dazu, euch regelmäßig zu amüsieren und erzeugt im Laufe eurer Beziehung stets neue Insider.

101. Schaut regelmäßig alte Fotos und Videos an – vor allem die besonders lustigen

Euer Handy ist ständiger Begleiter? Na, dann habt ihr mit ziemlicher Sicherheit schon viele tausend Fotos von euch geschossen. Selfies für soziale Medien, Fotos und Videos für Freunde und Familie. Mit Sicherheit jedoch auch einige Bilder, die nur für euch beide bestimmt sind. Unter all diesem Medienhaufen gibt es bestimmt auch Fotos und Videos, die ganz besonders witzig und zum Totlachen sind. Eine ulkige Pose vor einem berühmten Bauwerk? Eine besonders lustige Grimasse? Ein verschlafenes Foto, das am frühen Morgen (womöglich heimlich?) eingefangen wurde? Solche Fotos sind sehr lustig und werden euch bei erneutem Ansehen mit Sicherheit wiederholt zum Lachen bringen. Kategorisiert sie am besten in einen extra Ordner, den ihr beispielsweise „Lustige Momente" nennt. Jene Aufnahmen könnt ihr euch in tristen Momenten gemeinsam ansehen, um somit die

Stimmung sofort wieder anzuheben und herzlich miteinander zu lachen.

102. Spaß mit Apps

Es gibt unzählige Apps, mit denen du allerlei lustige Dinge machen kannst. Zum Beispiel was das äußere Erscheinungsbild betrifft. Das ist den vielen Filtern zu verdanken, mit denen du u.a. dein Gesicht binnen Sekunden verändern kannst. Wolltest du schon immer einmal wissen, wie du im Alter aussehen wirst? Auch Bärte, andere Haarfarben, ein Manga Look und große Glubschaugen sind keinerlei Problem für Snow, FaceApp und Co. Lade dir im App- oder Playstore eine geeignete App herunter, mit der du sowohl dein eigenes Aussehen, als auch das deiner/deines Verlobten mit wenigen Klicks verändern kannst. Spaßfaktor garantiert!

103. Imitiere einen Star oder einen Menschen aus dem persönlichen Umfeld, der immer durch explizites Verhalten hervorsticht

Ihr habt diesen einen besonderen Menschen in eurem Freundeskreis, der regelmäßig mit einer Verhaltensweise aus der Menge hervorsticht? Zum Beispiel durch eine sehr geschwollene Ausdrucksweise oder durch übertriebene Angeberei? Geht euch das manchmal sogar gewaltig auf den Wecker? Verdeutlicht es gegenüber eurer/eures Verlobten und imitiert dessen Ausdrucksweise, seinen Akzent oder auch die Lautstärke, in der er sich verständigt. Mit Sicherheit wird euer Schatz sofort darauf kommen, welche Person ihr hierbei imitiert und sich im besten Fall köstlich darüber amüsieren. Alternativ könnt ihr auch eine berühmte Persönlichkeit wie einen großen Star oder einen Politiker nachmachen, um damit die Partnerin/den Partner so richtig zum Lachen zu bringen.

104. *Durchschaue ihren/seinen Humor*

Du weißt ganz genau, worüber sich deine Verlobte/dein Verlobter so richtig totlachen kann? Über einen Comedian, über einen besonderen Witz oder über eine Pannenshow? Mit Sicherheit kennst du auch ihren/seinen individuellen Humor. Mache dir das zunutze und bringe sie/ihn damit regelmäßig zum Lachen. Steht sie/er zufälligerweise auf Sarkasmus oder bevorzugt sie/er doch eher Flachwitze? Reiße regelmäßig einen Witz, um damit für einen spontanen Lacher zu sorgen. Oder schicke ihr/ihm entsprechende Links zu Videos, die sie/er sich immer wieder ansehen kann.

105. *Spiele ihr/ihm einen Streich (nicht zu fies)*

Ab und zu muss es einfach mal sein. Ein kleiner frecher Streich, der für viel Lachen sorgen wird. Lege deiner/deinem Verlobten doch einfach mal ein Furzkissen auf den Stuhl, auf das sie/er sich, nichts böses ahnend, draufsetzen wird. Beim Klang des Kissens wird sie/er sich zunächst einmal stark wundern, anschließend sich doch höchstwahrscheinlich köstlich darüber amüsieren. Oder sieh was passiert, wenn du den Zuckerstreuer für den Kaffee heimlich mit Salz befüllst…hihi! Auf keinen Fall sollte der Streich jedoch zu fies, gefährlich oder irreparabel sein.

LEIDENSCHAFT STEIGERN

Sinnlichkeit und Erotik werden in einer guten Beziehung meist großgeschrieben. Damit die gegenseitige Attraktivität nicht nachlässt, solltet ihr regelmäßig darauf bedacht sein, für eure Partnerin/euren Partnerin attraktiv und begehrenswert zu sein. Und auch zu bleiben. Das hält nicht nur die Beziehung, sondern auch die Leidenschaft füreinander frisch. Lasst euch nicht allzu sehr gehen, das ist ein gewaltiger Minuspunkt in einer langjährigen Bindung! Selbst wenn ihr euch beide auch ungeschminkt, zerzaust und im Schlabberpulli gut genug kennt, so ist es definitiv kein Fehler, regelmäßig seine Reize spielen zu lassen. Auch neue Experimente im Schlafzimmer verleihen einer konstanten Beziehung immer wieder neue Facetten. Die Hauptsache ist, dass es euch beiden gefällt.

106. Ein neues, besonders attraktives Outfit

Du hast deinen Schatz inzwischen mit Sicherheit mit sämtlichen Kleidungsstücken aus ihrem/seinem Kleiderschrank gesehen. Andersherum bestimmt genauso. Oder etwa doch nicht? Gibt es da möglicherweise noch ein lang verschollenes Outfit, das du dir bislang für einen ganz besonderen Anlass aufgehoben hast? Oder hast du es einfach nur vergessen? Dann wäre jetzt ein guter Zeitpunkt, dieses schicke Outfit einmal zu präsentieren. Oder du machst dich auf den Weg in ein entsprechendes Kleidungsgeschäft, um dir etwas ganz Neues zusammenzustellen. Vielleicht sogar etwas, das einen erotischen Charme versprüht? Ein tiefer Ausschnitt, ein kurzer Rock, hochhackige Schuhe oder sogar ein heißes Negligé? Die Möglichkeiten sind vielfältig.

107. *Ein begehrenswertes Parfüm*

Unterschätze niemals die Macht eines guten Parfüms! Die Nase zählt zu unseren bedeutsamsten Sinnesorganen, was den Geruch betrifft. Dieser übt eine enorme Anziehungskraft auf unsere Partner aus, die bei entsprechenden Düften nahezu magisch angezogen werden. Du weißt zufälligerweise, welcher Geruch es deiner/deinem Verlobten so richtig angetan hat? Benutze dieses Parfüm für „besondere Anlässe“ und mache sie/ihn damit extra heiß.

Du hast Lust auf etwas ganz Neues? Begib dich in eine gute Parfümerie und hole dir fachmännischen Rat für einen ganz neuen Duft, der deinen Schatz um den Verstand bringen dürfte.

108. *Besondere Vorlieben (Fetische) ansprechen*

Euer Sexleben ist gut, könnte manchmal aber noch etwas aufregender sein? Dann scheue dich nicht, mit deiner/deinem Verlobten ein offenes Gespräch über eure Aktivitäten im Schlafzimmer zu führen. Vermeide hierbei Vorwürfe, ziele viel eher darauf ab, dass du Lust auf etwas Neues hast. Ganz im positiven Sinne, quasi als zusätzliche Ergänzung.

Möglicherweise hat auch sie/er schon einmal mit dem Gedanken gespielt, neue Dinge im Schlafzimmer auszuprobieren, sich bis dato aber noch nicht getraut, sie anzusprechen. Also übernimm du das doch einfach, in vielen Fällen ist das Eis dann bereits gebrochen. Frage sie/ihn, was sie/er sich denn explizit vorstellen könnte. Frage sie/ihn weiterhin, ob sie/er dazu bereit wäre, deine Fantasien mit dir auszuprobieren. Ganz egal, um welche Vorliebe es sich dabei handeln mag – fragen kostet nichts!

109. Neue Experimente im Schlafzimmer

Du wolltest schon immer einmal sinnliche Fesselspiele ausprobieren? Oder einmal eine ganz neue Stellung versuchen? Vielleicht hast du auch schon mal von aufregenden Rollenspielen oder sogar BDSM-Praktiken geträumt. Eventuell fändest du es auch sehr aufregend, wenn sich deine Verlobte/dein Verlobter einmal in ein ganz spezielles Outfit schmeißt, oder spezifisches Material trägt. Manche stehen auf Leder, andere hingegen auf High Heels. Diesbezüglich gibt es hunderte von Fetischen, die nur darauf warten, von euch ausprobiert zu werden. Natürlich nur, wenn ihr beide dazu bereit seid und es auch beide wollt. Niemals solltet ihr jedoch euren Schatz zu etwas drängen, was sie/er absolut (noch) nicht tun möchte!

110. Kamasutra

Ihr habt beide Lust dazu, euch an neuen Stellungen zu versuchen? Möglicherweise habt ihr in dieser Hinsicht auch schon einiges ausprobiert, aber irgendwann sind euch die Ideen ausgegangen. Das ist jedoch kein Problem. Versucht es doch einmal mit dem berühmten Kamasutra Buch, das euch zu vielen neuen Stellungen inspirieren könnte. Wagt euch an neue Experimente, die euch im besten Fall zusagen werden und die ihr fortan immer wieder aufs Neue erleben könnt.

111. *Etwas „Verbotenes" tun*

Habt ihr in sexueller Hinsicht schon mal etwas getan, was nicht den offiziellen Normen entspricht? Zum Beispiel Sex im Auto oder in der freien Natur gehabt? Das Risiko, erwischt zu werden, bringt einen ganz besonderen Reiz mit sich und ist äußerst aufregend. Ganz zu schweigen von der Tatsache, dass es rechtlich eigentlich gar nicht erlaubt ist. Doch genau das macht es ja gerade so spannend…

Wie wäre es mit einem spontanen Quickie auf einer öffentlichen Toilette? Zum Beispiel in eurem Lieblingsrestaurant. Oder in einer sehr stillen Ecke in einem Schwimmbad, eventuell in der Umkleidekabine. Besonders kurz vor Ladenschluss ist dort in aller Regel nicht mehr allzu viel los…

Auch am Meer oder an einem Badesee könnte es unter Umständen sehr aufregend werden. Nicht zuletzt in einem Zelt oder einem Wohnwagen.

112. *Heiße Fotos teilen*

Für diese Aktion solltet ihr eurem Partner/eurer Partnerin wirklich blind vertrauen! Im Vorfeld solltet ihr ebenfalls wissen, dass das Internet niemals vollständig vergisst. Jedes Foto, dass ihr via WhatsApp, Telegram, Signal und Co. verschickt, bleibt an irgendeiner versteckten Stelle gespeichert.

Für immer! Trotz jener Tatsache entscheiden sich viele Verliebte dazu, ihrem Partner/ihrer Partnerin zwischendurch ein heißes Foto zu schicken. Hierbei kann es sich um eine erotische Pose im Bikini, aber auch um ein vollständiges Nacktfoto in entsprechender Haltung handeln. Hier müsst ihr selbst entscheiden, wie weit ihr gehen möchtet und was ihr eurer/eurem Verlobten tatsächlich anvertrauen wollt. Zuweilen kann ein solcher „Liebesbeweis" auch sehr aufregend sein. Wie etwa bei einer vorübergehenden räumlichen Trennung (Urlaub, Geschäftsreise, Auslandsjahr, etc.).

Tipp: Wenn ihr eurer/eurem Partner eine erotische Freude bereiten wollt, euch aber trotzdem wegen den Gefahren der Verbreitung Sorgen macht, so schießt einfach ein Foto, auf dem euer Gesicht nicht zu sehen ist. Oder zensiert es mit einem Emoji. Lasst euch jedoch auf keinen Fall darauf ein, ein solches Foto zu verschicken, wenn ihr es absolut nicht wollt!

113. Ungestörtes Liebeswochenende in einem romantischen Hotel

Einmal den Alltag hinter sich lassen und mit der/dem Liebsten für ein Wochenende in ein romantisches Hotel verschwinden – das sollten wir alle häufiger tun! Packt eure Sachen zusammen und fahrt gemeinsam übers Wochenende weg. Am besten in ein wunderschönes Hotel, das viele romantische Aspekte zu bieten hat. Wellnessbereich, Candlelight Dinner, Massageangebote oder Wasserbetten. Ladet euren Akku der Leidenschaft wieder auf, indem ihr euch ein solches Wochenende gönnt – das Leben ist einfach zu kurz!

114. Gemeinsam einen Erotikfilm anschauen

Viele Menschen schauen sich regelmäßig erotische Filmchen an, um dadurch besser in Stimmung zu kommen. In den meisten Fällen tun sie dies jedoch alleine, wenn der Partner/die Partnerin gerade nicht „verfügbar" ist. Warum sollte man es nicht einmal zusammen ausprobieren? Möglicherweise bringt euch ein solcher Streifen in entsprechende Stimmung und euer Sex wird hinterher umso aufregender. Es muss auch nicht zwangsläufig ein harter Pornostreifen sein. Häufig reicht bereits ein softer Erotikfilm. Indem man einen Porno gemeinsam anschaut, kann man lernen, welche sexuellen Vorlieben und Fantasien der Partner oder die Partnerin hat, und man kann auch das eigene Interesse an bestimmten Praktiken oder Spielarten erkunden.

Allerdings sollte man dabei darauf achten, dass beide Partner sich damit wohlfühlen und dass keine Grenzen überschritten werden. Es ist wichtig, dass das Schauen eines Pornofilms in einer sicheren und vertrauten Umgebung stattfindet und beide Partner einander unterstützen und respektieren. Wenn dies der Fall ist, kann ein gemeinsam geschauter Erotikfilm ein erregendes und lustvolles Erlebnis für beide Partner sein und die Beziehung bereichern.

115. Dirty Talk am Telefon

„Was hast du gerade an?" „Liegst du gerade auf dem Bett?" „Wo hast du deine Hände?"

Viele Paare haben es schon einmal ausprobiert – Dirty Talk am Telefon. Eine weitere Option, um sich die Wartezeit auf seine Partnerin/seinen Partner zu verkürzen und ein kleines, virtuelles Appetithäppchen zu erhaschen. Telefonsex kann großen Spaß machen! Ganz besonders dann, wenn es schon eine Weile her ist, seitdem der letzte Beischlaf vollzogen wurde.

ZEIT MIT FREUNDEN UND FAMILIE

Wer einen Menschen heiratet, der heiratet im Grunde nicht nur sie/ihn allein, sondern gleichzeitig auch in gewisser Weise ihre/seine ganze Familie. Sprich, künftig wird es neue Menschen geben, die zum Leben deiner Partnerin/deines Partners gehören. Und fortan auch zu deinem Leben! Schwiegereltern, Geschwister, die besten Freunde – diese Menschen wirst du künftig regelmäßig auf der Bildfläche haben. Im Idealfall verstehst du dich von Anfang an gut mit ihnen und zählst sie schon bald zu den Personen, die du gerne um dich hast. Vielleicht ist es mit einzelnen Parteien jedoch auch schwierig und du siehst dich im Zwiespalt. Finde in einem solchen Fall einen geeigneten Kompromiss, um sowohl deiner Partnerin/deinem Partner und gleichzeitig dir selbst gerecht zu werden.

116. Eltern und Familie der Partnerin/des Partners besser kennenlernen

Du hast deine künftigen Schwiegereltern bereits kennengelernt? Was hast du für einen Eindruck von ihnen? Sind sie nett und fürsorglich, oder zählen sie eher zu der Kategorie, die einem tierisch auf den Geist gehen? Sollte erstes der Fall sein, ist das wie ein Sechser im Lotto. Das bedeutet, sie haben dich bereits als neues Familienmitglied akzeptiert, haben eine hohe Meinung von dir und können es nicht erwarten, bis du den Bund fürs Leben mit ihrer Tochter/ihrem Sohn eingehen wirst. Bald werden sie auch zu deiner Familie gehören. Solltet ihr euch gut verstehen, wirst du dich mit Sicherheit darüber freuen.

Solltest du jedoch keinen guten Draht zu ihnen haben, ist das sehr schade. Es kommt leider immer wieder vor, dass neue Partner von den Eltern der Partnerin/des Partners am Anfang nicht akzeptiert werden. Aus welchen Gründen auch immer. Schuld daran sind meistens falsche Vorurteile, die daraus resultieren, dass man sich nie genug Zeit nahm, sich besser kennenzulernen. Manchmal stimmt auch der erste Eindruck nicht und ein falsches Bild wird vermittelt. Das ist jedoch kein Grund, der Sache keine Chance zu geben und die künftigen Schwiegereltern sofort abzuschreiben. Nutze jede Gelegenheit, um sie besser kennenzulernen und sie von dir zu überzeugen. Sei freundlich, weltoffen, tolerant und hilfsbereit. Mache ihnen klar, dass ihre Tochter/ihr Sohn mit dir eine hervorragende Wahl getroffen hat, indem du dich von deiner besten Seite zeigst. Mache ihnen regelmäßig eine kleine Freude, indem du ihnen einen Kuchen backst, ein paar Blumen mitbringst oder biete ihnen an, Aufgaben am Computer zu übernehmen, wovon sie möglicherweise nicht sonderlich viel verstehen. Es gibt viele Wege, die künftigen Schwiegereltern von dir zu überzeugen. Auch deine Verlobte/deinen Verlobten wird es freuen, wenn sich euer Verhältnis nach und nach verbessert. Verleugne dich dabei jedoch nicht, sondern bleibe stets du selbst! Auf Dauer müssen sie dich so akzeptieren, wie du bist und es liegt ebenso an ihnen, einen Schritt auf dich zuzugehen.

Wenn du eine sehr innige Beziehung zu deinem Bruder/deiner Schwester hast, solltest du diese mit dem neuen Partner schnellstmöglich vertraut machen. Auf jeden Fall wäre es keine schlechte Idee, die Beziehung zu den Geschwistern deiner/deines Verlobten zu verbessern und sie besser kennenzulernen. Wer weiß, vielleicht findest du in ihnen ja richtig gute Freunde, mit denen du künftig gerne Zeit verbringen wirst.

117. Freunde der Partnerin/des Partners beschnuppern

Möglicherweise kennst du schon einige der besten Freunde deiner/deines Verlobten. Im besten Fall versteht ihr euch gut und habt schon selbst eine eigene Clique gebildet, zu der vielleicht auch schon deine Freunde gehören. Sollte es so verlaufen sein, ist das eine großartige Sache. Vielleicht ist dir der Freundes- und Bekanntenkreis deiner/deines Verlobten bis dato aber auch noch gänzlich fremd und du hast keinen Bezug zu ihnen. Höchste Zeit, das zu ändern! Es wäre doch schließlich sehr schade, wenn du künftig keinen Draht zu den Leuten deines Schatzes hättest und ihr euch grundsätzlich nur separat mit euren jeweiligen Freunden treffen werdet. Sei mutig und frage deine Verlobte/deinen Verlobten, ob ihr nicht einmal etwas gemeinsam unternehmen wollt, um euch so besser kennenzulernen.

Im Umkehrschluss bedeutet das jedoch nicht, dass du zwangsläufig zu jedem guten Freund/ zu jeder guten Freundin deines Schatzes ein optimales Freundschaftsverhältnis aufbauen musst. Es wird immer Menschen geben, mit denen zu besser und weniger gut klarkommst. Das ist jedoch kein Grund, frustriert darüber zu sein. Umgib dich grundsätzlich nur mit Personen, mit denen du auch wirklich Zeit verbringen möchtest und die dir sympathisch sind!

118. Intensive Beschäftigung mit dem Haustier der Partnerin/des Partners

Deine Verlobte/dein Verlobter hat ein Haustier, das er über alles liebt? Einen schnuckeligen Hund oder eine knuffige Katze? Möglicherweise hast du dieses schon längst ins Herz geschlossen und liebst es fast genauso doll, wie deinen Schatz. Vielleicht hattest du bis dato aber auch noch nie einen Bezug zu Haustieren, wobei sich hier jetzt die optimale Gelegenheit bietet, dies zu ändern. Verbringe bewusst Zeit mit dem Haustier deines Partners und lerne es richtig kennen. Schiebe eventuelle Vorurteile beiseite (Katzen sind hinterhältig, Hunde sind schmutzig, etc.) und lerne, wie schön und wertvoll die Zeit mit einem Tier sein kann. Ein Tier liebt bedingungslos und ist grundsätzlich ehrlich. Frage deinen Schatz, worauf es beim Umgang mit seinem Liebling ankommt. Lass dir von ihm zeigen, wie man am besten Gassi geht, wie man richtig füttert oder wie man am geschicktesten das Katzenklo sauber hält. Auch wenn dir bislang noch das richtige Händchen für ein Tier fehlt, so kannst du sicher sein, dass eure gemeinsame Zukunft viel schöner werden dürfte, wenn du das Verhältnis zu ihrem/seinem Liebling positiv intensivierst.

119. *Auf bestehenden gemeinsamen Interessen aufbauen*

Höchstwahrscheinlich bestehen in eurer Beziehung gemeinsame Interessen. Vielleicht interessiert ihr euch beide für Tiere und liebt diese über alles. Wie wäre es, wenn ihr an freien Tagen gemeinsam ehrenamtlich in einem Tierheim arbeitet? Oder ihr geht mit euren Hunden gemeinsam in die Hundeschule, um noch mehr über Hundetraining zu erfahren. Vielleicht liegen eure Interessen aber auch ganz woanders. Zum Beispiel beim Tüfteln und Bauen. Oder ihr liebt es, euch endlose Schachpartien zu liefern. Vielleicht steht ihr aber auch für euer Leben gerne in der Küche und liebt es, euch an neuen Gerichten zu versuchen. Auch sportliche Betätigung ist ein häufiges, gemeinsames Interessengebiet.

Ganz egal, wo eure gemeinsamen Interessen liegen, so habt ihr bei fast allem die Möglichkeit, diese weiter auszubauen und zu vertiefen.

120. *Sich mit dem Stammbaum des Partners beschäftigen*

Wolltest du schon immer einmal wissen, was deine Verlobte/dein Verlobter für Wurzeln hat? Wer sind ihre/seine Vorfahren und was haben sie gemacht? Waren sie möglicherweise berühmte Persönlichkeiten? Politiker oder Chefs von Großkonzernen? Oder haben sie sich sogar als Sänger/innen oder Schauspieler/innen einen Namen gemacht? Sind sie möglicherweise Kriegshelden oder erfolgreiche Widerstandskämpfer? Oder aber waren sie ganz normale Durchschnittsbürger, die netten Nachbarn von nebenan? Bezüglich des Stammbaums gibt es sehr viele Geheimnisse, die nur darauf warten, gelüftet zu werden. Zeige Interesse am Stammbaum deines Schatzes und geht ggf. zusammen auf Ahnenforschung.

121. Beziehung zu (eventuell vorhandenen) Kindern der/des Verlobten aufbauen oder verbessern

Häufig ist es der Fall, dass deine Partnerin/dein Partner schon vor eurer gemeinsamen Zeit eine Beziehung oder Ehe geführt hatte. Möglicherweise sind aus dieser vorherigen Bindung auch Kinder entstanden, die natürlich nach wie vor einen zentralen Platz im Leben deiner/deines Verlobten einnehmen. Im Normalfall weißt du schon lange von ihnen, in den seltensten Fällen werden Kinder verschwiegen. Du hast diese Tatsache akzeptiert, als du dich in deine Verlobte/deinen Verlobten verliebt hast. Möglicherweise hattest du bislang noch keinen größeren Kontakt zu ihren/seinen Kindern. Hast sie eventuell mal zur Kenntnis genommen, als sie übers Wochenende zu Besuch waren. Aber eine innigere Beziehung wurde bislang noch nicht aufgebaut, im Grunde sind sie für dich noch Neuland.

Auf lange Sicht gesehen wäre es sehr sinnvoll, wenn du zu ihnen ein gutes Verhältnis aufbaust. Das ist mit Sicherheit auch in deinem eigenen Interesse da du weißt, dass sie ein ständiger Bestandteil im Leben deiner/deines Verlobten sind. Und höchstwahrscheinlich auch immer bleiben werden.

Für Kinder ist es häufig sehr schwierig, neue Partner von ihrer Mutter oder ihrem Vater zu akzeptieren und sie auch mögen zu lernen. Sie stellen sich automatisch die Frage, ob die neuen Partner/innen ihre Mutter oder ihren Vater ersetzen wollen und warum nicht Mama und Papa zusammengeblieben sind. Ganz besonders kleineren Kindern fällt es schwer, diese Logik nachzuvollziehen. Aufgrund dessen ist es auch nicht verwunderlich, wenn sie bei neuen Partnern zunächst einmal auf die Barrikaden gehen. „Du bist nicht meine Mama/mein Papa, was willst du eigentlich in unserer Familie?" Hinter diesem rebellischen Verhalten steckt in den meisten Fällen jedoch keine Bosheit, sondern lediglich Unsicherheit. In einem solchen Fall liegt es an dir, der/dem Erwachsenen, ihnen ihre Ängste und Zweifel zu nehmen.

Sei freundlich zu ihnen und erkläre ihnen in einem kindgerechten Schema, dass du nicht vorhast, ihre Mutter/ihren Vater zu ersetzen. Mache ihnen klar, dass du die neue Partnerin/der neue Partner ihrer Mutter/ihres Vaters bist und dass du dich freuen würdest, wenn ihr ein gutes Verhältnis zueinander aufbauen würdet. Versichere ihnen, dass sie dir vertrauen können, wenn es Probleme geben sollte und dass du sie unterstützen wirst. Mache ihnen Vorschläge, etwas Tolles zu unternehmen, wie etwa ein Besuch im Freizeitpark oder bei einem Fußballspiel, damit ihr euch so besser kennenlernen könnt. Diese Methode funktioniert vor allem bei jüngeren Kindern gut.

Erwarte keine Wunder. Gib ihnen die nötige Zeit, die sie brauchen, um dich im Leben ihrer Mutter/ihres Vaters zu akzeptieren. Warte, bis sie den ersten Schritt auf dich zumachen und bedränge sie nicht. Im Regelfall ist es so, dass sich im Laufe der Zeit ganz automatisch eine gewisse Basis einpendeln wird, sobald die Kinder merken, dass die neue Partnerschaft keinen schlechten Einfluss auf ihr Verhältnis zu ihrer Mutter oder ihrem Vater hat. Im Idealfall werdet ihr im Laufe der Zeit ein sehr positives Verhältnis zueinander aufbauen, ohne, dass du ihre Mutter/ihren Vater ersetzen musst.

122. Die beste Freundin/den besten Freund der/des Verlobten kennenlernen

Viele Menschen haben einen ganz besonderen besten Freund oder eine ganz besondere beste Freundin. Ein Mensch, der sich von allen anderen Menschen abhebt, dem einfach alles anvertraut wird. Einen besten Freund/eine beste Freundin zu haben ist ein wahrer Segen und bei weitem keine Selbstverständlichkeit. Jeder, der einen solchen Menschen in seinem Leben hat, kann sich sehr glücklich schätzen. Folglich wird deine Verlobte/dein Verlobter auch regelmäßig Zeit mit seiner besten Freundin/seinem besten Freund verbringen. Mit Sicherheit wirst auch du mit dieser Person eines Tages in Kontakt kommen. Mit Glück seid ihr euch auf Anhieb sympathisch. Eventuell könnt ihr jedoch auch gar nichts miteinander anfangen und geht euch eher aus dem Weg. Sollte letzteres der Fall sein, ist es jedoch wichtig, deiner/deinem Verlobten auf keinen Fall Vorwürfe zu machen, wenn diese/r weiterhin Zeit mit ihrer besten Freundin/seinem besten Freund verbringen möchte. Nutze stattdessen die Zeit, um deine eigenen Freunde zu treffen, die trotz deiner glücklichen Beziehung ebenfalls nicht zu kurz kommen sollten.

123. Zukünftige Familienkonstellation im Auge behalten, ggf. Diplomatie schaffen

Nicht immer verlaufen Beziehungen innerhalb der Familie harmonisch. Häufig liegt des Übels Wurzel bei den Schwiegereltern, manchmal aber auch an einem selbst. Zuweilen überwiegen einfach gewisse Differenzen, die eine aufrichtige Nächstenliebe erschweren. Nicht selten stehen die Partner hier gewaltig zwischen den Fronten. Zum Beispiel, wenn sich die/der Verlobte mal wieder tierisch über seine künftige Schwiegermutter aufregt, weil diese einfach nicht akzeptieren möchte, dass nicht jeden Sonntag ein Besuch mit Kaffee und Kuchen bei dieser ansteht. Deine Partnerin/dein Partner möchte der alten Mutter natürlich gerecht werden, was eure Beziehung in gewisser Weise belasten könnte. Schließlich möchtest du den Sonntag ebenfalls gerne individuell mit ihm verbringen und dir nicht wöchentlich immer wieder die gleichen Meckereien über Gesellschaft, Politik und Rheuma in den Knien anhören.

In solchen oder ähnlichen Fällen gibt es keine Anleitung, wie man sich am besten verhalten sollte. Ratsam ist es trotzdem, in jenen Situationen eine gewisse Diplomatie walten zu lassen. In jenem Beispiel wäre etwa ein Kompromiss eine zufriedenstellende Lösung. So wird die Schwiegermutter eben nur für 1-2 Stunden besucht und der Rest vom Tag anders verplant. Behalte weiterhin im Hinterkopf, dass eine gewisse harmonische Basis für eure Zukunft eine wichtige Rolle spielt, schließlich möchtest du bestimmt nicht dauerhaft mit deiner Schwiegermutter im Klinsch liegen. Das tut auch deiner Partnerin/deinem Partner nicht gut, wenn diese/r dauerhaft zwischen den Fronten steht. Eine Beziehung ist immer ein

Kompromiss, ein stetiges Geben und Nehmen. Und Schwiegereltern sind häufig ein großes Thema, das gelegentlich zu Differenzen führt.

124. Positive Eigenschaften würdigen

Bestimmt gibt es die eine oder andere Sache, die du deiner/deinem Verlobten etwas übelnimmst. Das können verschiedene Dinge sein. Von Unpünktlichkeit bis hin zu der Tatsache, dass sie/er sich keine Geburtstage merken kann. Wir alle neigen dazu, viel häufiger auf Dinge, die uns stören, hinzuweisen und sämtliche positive Aspekte als Selbstverständlichkeit zu betrachten. Meistens finden diese dann auch keinerlei oder nur kaum Zuspruch. Das ist sehr schade. Wenn wir schon ständig meckern, sollten wir dann nicht auch im Umkehrschluss die positiven Dinge würdigen, die wir häufig gar nicht so recht im Blick haben? Höchste Zeit, den Fokus gezielt umzulenken!

125. Für positive Eigenschaften regelmäßig loben

Dein Schatz mag den einen oder anderen Fehler haben. Allerdings ist ihr/sein Charakter im Gesamtbild so großartig, dass wir über Kleinigkeiten hinwegsehen sollten. Wer ist schließlich schon vollkommen fehlerfrei? Niemand! Für eine langanhaltende Beziehung und spätere Ehe ist es bedeutsam, seiner Partnerin/seinem Partner regelmäßig zu sagen, dass sie/er ein wahrhaft toller Mensch ist. Verdeutliche ihr/ihm dies am besten anhand einiger Beispiele, die auf seinen Charakter und auch auf andere positive Fähigkeiten aufmerksam machen. „Schatz, ich finde es wirklich klasse, dass ich mit dir immer über alles sprechen kann und du einfach immer eine Lösung findest!" „Wenn ich mit dir im Auto unterwegs bin, fühle ich mich durchgehend sicher!" „Ich finde es großartig, dass du dir mit dem Essen immer so viel Mühe gibst!" „Ich bin glücklich, dass du mir immer wieder zwischendurch eine Freude machst!"

Es gibt so viele schöne Worte, die du deinem Schatz sagen kannst, worüber sie/er sich sehr freuen dürfte. Manchmal braucht es gar nicht viel im Leben. Ein liebevolles Lächeln, ein sanftes Streicheln über den Rücken und ein paar liebe, aufrichtige Worte der Wertschätzung. Das sind die wahren Geschenke im Leben!

126. Zettelchen mit Komplimenten schreiben

Mündliche Komplimente sind eine tolle Sache, keine Frage! Manchmal ist es jedoch noch deutlich schöner, liebe Worte auf schriftlichem Wege zu erhalten. Zum Beispiel in Form kleiner Zettelbotschaften. Bring doch mal einen kleinen Zettel in ihrem/seinem Auto am Lenkrad an. „Guten Morgen beste/r Fahrer/in aller Zeiten! Ich wünsche dir einen tollen Tag und komm sicher wieder nach Hause!" Oder ein Zettelchen für den Kühlschrank. „Was wird meine Meisterköchin/mein Meisterkoch wohl heute wieder Leckeres zaubern? Ich kann es nicht abwarten!" Eine weitere gewitzte Idee wäre der Kleiderschrank und ein Zettelchen auf einem Kleidungsstück. „Trag doch mal wieder diese Hose, in der siehst du besonders attraktiv aus! In allen anderen natürlich auch, hihi."

127. Liste mit Dingen anfertigen, die du an deinem Schatz besonders liebst und schätzt

Jeder Mensch bekommt gerne Komplimente, das ist ein Naturgesetz. Womöglich sagst du deinem Schatz regelmäßig, was du an ihr/ihm besonders schätzt und weswegen du sie/ihn liebst. Halte das Ganze doch einmal schriftlich fest und zähle sämtliche positive Eigenschaften auf, die dir besonders an ihr/ihm gefallen. Eine entsprechende Liste könnte folgendermaßen aussehen:

- Du hast einen tollen Charakter
- Du bist loyal und immer zur Stelle
- Du hast wunderschöne Augen
- Du hast eine klasse Figur
- Du kochst großartig
- Du bist schlagfertig und selbstbewusst
- Du kennst mich ganz genau und weißt, was ich mir wünsche
- Du bist tierlieb
- Du kannst toll mit Kindern umgehen

128. Gemeinsame Erfolge aufschreiben

Manchmal hat man im Leben das Gefühl, als würde man sich im Kreis drehen und alles bleibt immer beim Alten. Das ist jedoch ein reiner Trugschluss, täglich meistern wir so viele Dinge, die schnell wieder aus unserem Fokus verschwinden. Es kommen immer wieder neue Aufgaben dazu, ständig müssen wir etwas anderes bewältigen. Was haben wir im Grunde eigentlich bis dato erreicht? Jede Menge! Um uns das vor Augen zu führen, ist es eine tolle Sache, gemeinsame

Erfolge schriftlich zu verzeichnen und immer mal wieder einen Blick auf jene Liste zu werfen. Zum Beispiel so:

- Gemeinsame Wohnung gefunden und schön zusammen eingerichtet
- Schon zwei tolle Urlaube miteinander verbracht
- Einen tollen Hund adoptiert und ihm ein sicheres Heim geschenkt
- Tolle Abende mit Karaoke verbracht und regelmäßig gewonnen
- Eine lange Radtour von 100 km unternommen

129. Eine Mindmap über die/den Partner/in anfertigen

Wenn wir das Wort Mindmap hören, so erinnern sich viele von uns an die Schule zurück. Damals war es üblich, Mindmaps zu verschiedenen Themen zu erstellen. Ganz in der Mitte lag das Thema und außen herum waren verschiedene Zusammenhänge in Form von Blasen angeordnet. Wie wäre es, für deine Verlobte/deinen Verlobten einmal eine solche Mindmap zu erstellen? In die Mitte kommt der Name. Außen herum zählst du sämtliche positive Eigenschaften auf.

130. Erstellt ein gemeinsames Sammelalbum

Das Erstellen eines gemeinsamen Sammelalbums ist eine wunderbare Möglichkeit, um die gemeinsamen Erlebnisse und Erinnerungen als Paar festzuhalten. Es gibt viele unterschiedliche Arten von Sammelalben, von Fotoalben über Scrapbooking bis hin zu digitalen Alben, je nachdem welche Art von Erinnerungen ihr festhalten möchtet.

Durch das Erstellen eines gemeinsamen Sammelalbums könnt ihr nicht nur die Erinnerungen und Erlebnisse als Paar festhalten, sondern auch eine wertvolle Zeit miteinander verbringen, in der ihr euch über die gemeinsamen Erfahrungen und Erinnerungen austauscht und diese gemeinsam gestaltet. Ob es nun das erste gemeinsame Foto, das Ticket eures ersten Kinobesuchs als Paar oder ein besonderes Souvenir von eurem gemeinsamen Urlaub ist, ihr könnt all diese Erinnerungen in einem Sammelalbum festhalten und später immer wieder anschauen und in den gemeinsamen Erinnerungen schwelgen.

FERNÖSTLICHE HEILPRAKTIKEN

131. Akupunktur

Akupunktur ist eine uralte Heilmethode aus der chinesischen Medizin. Sie dient nicht nur der Entspannung bei Stress, sondern sorgt bei entsprechender Anwendung durch einen Experten/eine Expertin auch für eine Regeneration des Körpers. Hierbei können verschiedene körperliche Probleme behandelt werden. Rückenprobleme, Defizite mit Muskulatur, Organen und auch der Haut. Auch bei Depressionen sorgt die Akupunktur zuweilen für wahre Wunder. Kurz, sie dient dazu, sämtliche Energieflüsse im Körper positiv zu beeinflussen und dabei den ganzen Organismus in ein gesundes Gleichgewicht zu bringen. Sind Yin und Yang im Einklang, geht es dem Körper so viel besser. Diese Tatsache wird von unserer westlichen Medizin gerne einmal unterschätzt... Begib dich mit deiner/deinem Verlobten zu einer entsprechenden Anlaufstelle, die professionelle Akupunktur anbietet. Habt keine Furcht vor den klitzekleinen feinen Nadeln, die bei der Anwendung an entsprechenden Körperstellen angebracht werden. All diese Energiepunkte sind der chinesischen Medizin seit Jahrtausenden bekannt und diverse Menschen schwören auf dieses Verfahren. Wagt das Experiment und findet selbst heraus, dass es euch im Anschluss mit ziemlicher Sicherheit körperlich deutlich besser geht. Selbst wenn ihr keine expliziten körperlichen Beschwerden habt, so kann eine solche Anwendung niemals schaden.

132. Meditation

Habt ihr schon einmal meditiert? Eine durchaus interessante Erfahrung, die jeder Mensch einmal gemacht haben sollte. Bei einer Meditation geht es darum, sich gezielt von seinen Gedanken zu lösen und einen Zustand der Schwerelosigkeit zu erreichen. Die Meditation stammt ebenfalls aus der fernöstlichen Kultur und dient seit Jahrtausenden als erholsame Heilmethode für Körper und Geist. Um professionell meditieren zu können, bedarf es etwas Übung, Geduld und dem Willen, sich etwas gänzlich Neuem hinzugeben. Wer es jedoch einmal ausprobiert hat, der wird sehr schnell feststellen, dass nicht nur der Geist, sondern der ganze Körper davon dauerhaft profitiert. Stressabbau und Gelassenheit sind bei richtiger, regelmäßiger Anwendung vorprogrammiert. Und das nicht nur im Buddhismus. Auch hierzulande findet die Meditation seit vielen Jahren Anwendung, die sich allgemein großer Beliebtheit erfreut. Wäre das nicht eine optimale Gelegenheit für dich und deinen Schatz? Wagt euch gemeinsam an diese völlig neue Art der Erfahrung.

133. Lerne eine traditionelle Thai Massage

Wer genießt nicht gerne eine entspannende Thai Massage? Noch schöner ist es wohl nur, wenn du dich dafür direkt von deinem Partner durchkneten lassen kannst. Besucht eine Thai-Massage-Schule (am besten natürlich in Thailand) und lernt die Kunst der traditionellen Thai-Massage.

134. Yoga

Yoga ist eine Übungsmethode, die sich positiv auf Körper und Geist auswirkt und weit über die rein körperliche Betätigung hinausgeht. Durch regelmäßiges Üben kann man seinen Körper flexibler und stärker machen, Verspannungen lösen und Schmerzen lindern. Aber auch auf mentaler Ebene kann Yoga Wunder bewirken, indem es dabei hilft, den Geist zu beruhigen und zu zentrieren, Stress abzubauen und die Konzentration zu steigern. Informiert euch gemeinsam über die interessante und vielseitige Thematik des Yogas und versucht euch gemeinsam daran. Vielleicht findet ihr dabei nicht nur eine neue gemeinsame Leidenschaft, sondern zieht auch einen gemeinsamen Nutzen daraus. Yoga kann eine wunderbare Möglichkeit sein, um gemeinsam zu entspannen, Stress abzubauen und sich zu regenerieren. Es kann dazu beitragen, eure Beziehung zu vertiefen und euch dabei helfen, neue Seiten aneinander zu entdecken.

ALLTAGSSTRATEGIEN ENTWICKELN

In einer guten, soliden Beziehung hat der normale Alltag eine stabile Basis. Damit eine Beziehung und spätere Ehe überhaupt erst funktioniert, ist es von Anfang an sehr wichtig, über eine Struktur zu verfügen, die das gemeinsame Alltagsleben erleichtert. Würde jeder walten und schalten wie sie/er wollte, käme es auf Dauer im Alltag zu jeder Menge Unstimmigkeiten. Das ist nicht Sinn und Zweck einer Ehe, ein gewisses Schema sollte bestehen. Jeder braucht auf Dauer seine Freiheiten und auch mal einen entsprechenden Rückzug. Gleichzeitig muss die anfängliche Harmonie bestehen bleiben und im Laufe der Jahre bestenfalls weiterwachsen.

135. Regeln für bestimmte Lebensbereiche festlegen

So sehr ihr euch auch liebt und schätzt, dürft ihr deswegen auch niemals vergessen, dass es gewisse Regeln gibt, an die ihr euch beide halten müsst. Diese beginnen bei einem ordentlichen gemeinsamen Zuhause, in dem ihr euch beide auf Dauer wohlfühlt. Entwickelt gemeinsame Ideen für euer gemeinsames Liebesnest, die ihr nach und nach umsetzen werdet. Angefangen bei der Einrichtung. Überlegt euch zunächst, welche Möbel ihr gerne behalten wollt und wägt ab, ob diese mit der Einrichtung eurer/eures Verlobten harmonieren. Trefft hier entsprechende Entscheidungen, mit denen ihr am Ende beide glücklich seid.

Überlegt euch, wie ihr alltägliche Aufgaben künftig am besten strukturiert und gerecht aufteilt. Eine Ehe, in der grundsätzlich nur eine Person für alles verantwortlich ist, geht in vielen Fällen schief. Besonders dann, wenn ihr beide berufstätig seid. Geht dagegen nur einer von euch arbeiten, so kann sich die andere Partei um Haushalt, Einkäufe und ähnliche Dinge kümmern. Auch ein gezielter Haushaltsplan mit verteilten Aufgaben ist niemals ein Fehler. Überlegt euch, wie ihr die Aufgaben künftig fair verteilt, so dass am Ende niemand zu kurz kommt.

Sorgt weiterhin für eine gute Struktur im Kleiderschrank, bei euren persönlichen Dokumenten und auch bei persönlichen Erinnerungsstücken, die euch am Herzen liegen. Schließlich soll davon nichts verloren gehen.

136. *Freiraum gewähren*

Ganz besonders am Anfang erscheint es manchmal so, als gäbe es auf dieser Welt keinen anderen Menschen mehr, außer eurer/eurem Verlobten. Jede freie Sekunde wollt ihr miteinander verbringen und es fühlt sich so an, als wäre die rosarote Brille mit Sekundenkleber auf euren Nasen befestigt. In aller Regel nimmt diese rosarote Liebesphase im Laufe der Zeit wieder etwas ab und man ist froh darüber, auch mal wieder Zeit für sich selbst zu haben. Beim einen mehr, beim anderen weniger. Auf jeden Fall ist es entscheidend, dass ihr in eurer Ehe - und sei sie auch noch so glücklich und harmonisch - auch regelmäßig Zeit für euch selbst findet. Für euch, für eure Freunde, für eure Familie oder für Hobbies, die ihr am liebsten alleine vollzieht. Möglicherweise seid ihr beherzte Gamer, für die es nichts Schöneres gibt, als hin und wieder eine Nacht vor dem Rechner zu verbringen und mit der Community zu spielen. Dieses Hobby kam in den letzten Monaten eurer Beziehung jedoch deutlich zu kurz. Vollkommen verständlich, anfangs gibt es nichts Aufregenderes als die Liebe. Sobald bei euch der normale Alltag eingekehrt ist, solltet ihr auf jeden Fall euren kontinuierlichen Aktivitäten weiter nachkommen können, die euch bislang immer sehr viel Spaß gemacht haben. Auch mal ohne den Schatz. Dieser kann sich währenddessen seinen eigenen Hobbies widmen, die möglicherweise ebenfalls eine Weile auf der Strecke geblieben sind.

137. Grenzen setzen

Ihr hasst es abgrundtief, dass eure Verlobte/euer Verlobter nicht dazu in der Lage ist, ihre/seine Socken in den Wäschekorb zu legen? Oder stört ihr euch daran, dass ihr täglich aufs Neue ihre/seine benutzte Kaffeetasse in die Spüle stellen müsst? Fresst solche Störfaktoren niemals in euch hinein, sondern konfrontiert euren Schatz von Anfang an höflich, aber dennoch bestimmt, dass sie/er künftig diesbezüglich an sich arbeiten soll. Liebe hat grundsätzlich etwas mit gegenseitigem Respekt zu tun und man muss auch dazu bereit sein, sich für seine Partnerin/seinen Partner Mühe zu geben. Auch mal Dinge zu tun, auf die man selbst im Grunde gar keine wirkliche Lust hat.

Sprecht weiterhin Dinge an, die euch deutlich zu weit gehen.

Möglicherweise ist es zum Beispiel für deine Verlobte/deinen Verlobten kein großes Problem, das Badezimmer zu benutzen, während du auf der Toilette sitzt. Sollte dich das jedoch stören, so sag ihr/ihm dies frei heraus und bitte sie/ihn darum, dies künftig zu unterlassen.

138. Kompromisse schließen

Ein weiterer goldener Schlüssel für eine langjährige Beziehung ist die Fähigkeit, Kompromisse zu schließen. Es ist eine Sache der Unmöglichkeit, dass sich alle Wünsche und Bedürfnisse durchgehend erfüllen, ohne dass die/der andere auch mal zurückstecken muss. Nehmen wir ein simples Beispiel. Dein Schatz geht am liebsten asiatisch essen, du dagegen aber am liebsten italienisch. Wie werdet ihr euch entscheiden? Hier sind Kompromisse eine großartige Sache. Wechselt euch beim Essen gehen regelmäßig ab, so dass jeder auf seinen Geschmack kommt. Es gibt jedoch auch Situationen, die sich nicht so easy managen lassen wie die Wahl des Restaurants. Zum Beispiel wenn es darum geht, lebensverändernde Entscheidungen zu treffen. Wie etwa das Thema Kinderwunsch. Bei einer solchen Angelegenheit bringt es nichts, sich den Wünschen der Partnerin/des Partners zu fügen. Will diese/dieser absolut keine Kinder, du dagegen schon, wird es schwierig, einen geeigneten Kompromiss zu finden. Diesbezüglich könnt ihr beide nur abwarten, wie sich die Gesamtsituation entwickelt. Möglicherweise wird sie/er ihre/seine Meinung noch ändern…

139. *Aufgaben gerecht verteilen*

Je nachdem wie euer Alltagsleben aufgebaut ist, so könnt ihr euch gezielt darum bemühen, eure regulären Aufgaben und Pflichten gerecht zu verteilen. Es bringt am Ende gar nichts, wenn sich immer nur eine Person für alles aufopfert, während die andere überwiegend faulenzt. Das ist nicht Sinn und Zweck einer guten Beziehung, in der man sich aufeinander verlassen sollte. Auch in stressigen Situationen.

140. *Setzt eure Beziehungsziele*

Eine gesunde Beziehung basiert auf Vertrauen, Offenheit und gemeinsamen Zielen. Indem ihr als Paar gemeinsam Beziehungsziele setzt, könnt ihr eure Beziehung auf eine neue Ebene bringen und eure Verbundenheit stärken. Indem ihr euch gemeinsam Ziele setzt und daran arbeitet, könnt ihr eure Beziehung vertiefen und stärken. Gemeinsame Ziele zu erreichen kann das Selbstvertrauen und das Vertrauen in die Beziehung stärken. Es kann auch dabei helfen, Konflikte zu lösen und eure Bindung zu festigen.

Wichtig dabei ist, dass ihr euch gemeinsam auf realistische Ziele und einen Plan zur Erreichung dieser Ziele einigt. Es ist auch wichtig, dass ihr eure Fortschritte regelmäßig überprüft und gegebenenfalls eure Ziele anpasst. Indem ihr als Team zusammenarbeitet und euch gegenseitig unterstützt, könnt ihr eure Beziehung auf eine neue Ebene bringen und eine glückliche und erfüllte Zukunft zusammen aufbauen.

141. Erstellt eure eigene Bucketlist

Einmal nach New York an den Times Square reisen, einmal mit Delfinen schwimmen oder ein Rihanna Konzert besuchen. Bestimmt hat jeder von euch Ziele und Wünsche in seinem Leben, die er oder sie unbedingt noch erleben möchte. Schreibt diese auf und berichtet euch gegenseitig davon. Anschließend sucht ihr nach Möglichkeiten, welche dieser Ziele ihr zusammen angehen wollt.

Eine gemeinsame Bucketlist kann auch dazu beitragen, eure Beziehung zu beleben und eure Abenteuerlust zu wecken. Wenn ihr euch auf gemeinsame Ziele und Aktivitäten konzentriert, könnt ihr neue Interessen und Hobbys entdecken, die ihr vorher vielleicht nicht in Betracht gezogen hattet. Eine Bucketlist als Paar zu haben, kann eine großartige Möglichkeit sein, eure Beziehung zu stärken und eure gemeinsamen Erfahrungen zu erweitern. Eine eigene Liste mit Zielen und Wünschen gibt euch die Möglichkeit, eure Träume und Hoffnungen miteinander zu teilen und gemeinsam an ihnen zu arbeiten.

142. Weekly Date

Als Paar ist es wichtig, eine starke Verbindung und eine glückliche Beziehung aufzubauen. Eine Möglichkeit, dies zu tun, ist die Einführung einer wöchentlichen Date Night. Eine Date Night gibt euch die Gelegenheit, euch von eurem Alltag zu lösen, Zeit miteinander zu verbringen und eure Beziehung zu pflegen.

Verabredet euch einmal pro Woche, um die Romantik am Leben zu erhalten. Dabei unternehmt ihr je nach Lust und

Laune etwas. Wichtig dabei ist, dass ihr euch wirklich aktiv Zeit füreinander nehmt. Nutzt diese Zeit und legt eure Handys beiseite. Tauscht euch gegenseitig aus. Sprecht über eure Gefühle und Dinge, die euch beim anderen aufgefallen sind, oder die euch gut gefallen haben.

Eine regelmäßige Date Night hilft euch auch dabei, euch wieder aufeinander zu fokussieren. Im hektischen Alltag kann es passieren, dass ihr euch voneinander entfernt oder in unterschiedliche Richtungen lauft. Eine wöchentliche Date Night gibt euch die Möglichkeit, eure Beziehung wieder auf den richtigen Weg zu bringen und sicherzustellen, dass ihr beide in dieselbe Richtung lauft.

143. Engagiert euch sozial

Liebe und Glück sind die einzigen Sachen der Welt, die sich verdoppeln, wenn man sie teilt. Es fühlt sich unglaublich gut an, bspw. hilfsbedürftigen Kindern ein Lächeln ins Gesicht zu zaubern. Sucht euch gerne eine Sache, die euch beiden am Herzen liegt, und macht gemeinsam einen Unterschied, indem ihr anderen Menschen helft. Ihr werdet schon bald merken, wie euch dieses Engagement noch mehr zusammenschweißt.

Darüber hinaus kann das soziale Engagement auch dazu beitragen, die eigenen Werte und Überzeugungen zu reflektieren und zu stärken. Indem man sich für eine Sache engagiert, die einem am Herzen liegt, kann man das eigene Selbstwertgefühl steigern und sich als Teil von etwas Größerem fühlen. Zusammen zu helfen kann auch dabei helfen, die Perspektive auf die eigenen Probleme zu ändern und das Verständnis füreinander zu fördern.

VERTRAUENSBASIS STÄRKEN

Eine Ehe funktioniert grundsätzlich nur mit einer guten Vertrauensbasis! Wenn das Vertrauen von vorneherein fehlt, könnt ihr es im Grunde gleich bleibenlassen. Sorgt daher von Anfang an für eine offene und regelmäßige Kommunikation, so dass ihr genau wisst, was sich eure Verlobte/euer Verlobter wünscht und was ihr/ihm wichtig ist. Andersherum gilt natürlich dasselbe. Herrschen dagegen Zweifel und Skepsis, werdet ihr niemals richtig frei sein können. Und das wollt ihr doch schließlich, oder?

144. *Bedenken/Sorgen rechtzeitig ansprechen und teilen*

Ihr habt etwas auf dem Herzen, was ihr noch vor der Hochzeit aus der Welt schaffen möchtet? Zum Beispiel Bedenken darüber, ob eure/euer Verlobte/Verlobter möglicherweise noch Gefühle für ihre/seine Ex hegt? Sprecht solche Bedenken unbedingt an! Selbst dann, wenn ihr befürchtet, dass sie/er genervt oder ärgerlich darüber reagieren könnte. Es bringt nichts, unausgesprochene Zweifel in euch hineinzufressen und zu verdrängen. Auf diese Weise entsteht eine klaffende Wunde, die möglicherweise eines Tages aufplatzen könnte.

Seid ihr möglichweise in Sorge darüber, ob eure gemeinsame Zukunft auch in finanzieller Hinsicht eine stabile Basis haben wird? Sprecht auch diesbezüglich offen und beschönigt keine offensichtlichen Zweifel, die euch später in die Quere kommen könnten. Alles, was ihr bereits vor eurer Ehe besprochen habt, wird euch später nicht mehr auf der Seele brennen.

145. Absolute No-Gos festlegen

Du könntest es nicht ertragen, wenn dir deine Verlobte/dein Verlobter absolut nicht vertraut? Wenn sie/er zum Beispiel regelmäßig dein Handy kontrolliert. Es gibt tatsächlich jede Menge Menschen, die ein solches Verhalten für angemessen halten, ihrer/ihrem Liebsten hinterher zu spionieren und heimlich Kontrollfreak zu spielen. Vertrauen ist gut – Kontrolle ist besser! Eine Sache, mit der viele auf Dauer absolut nicht klarkommen. Sollte deine Verlobte/dein Verlobter auch von dieser Sorte sein, so scheue dich nicht, ihr/ihm diesbezüglich Grenzen aufzuzeigen. „Entweder wir vertrauen uns, oder wir können es gleich bleibenlassen! Ich schaue schließlich auch nicht in dein Handy!"

146. Welches Verhalten bringt dich so richtig auf die Palme? Sprecht darüber!

Die meisten Menschen haben einen wunden Punkt, der sie so richtig sauer werden lässt. Beim einen ist es die Tatsache, dass die/der andere offensichtlich nie richtig zuhört, beim anderen ist es der Frust über keine klaren Absprachen. Der nächste regt sich höllisch darüber auf, wenn Probleme verharmlost oder

Prioritäten abgewertet werden. „Warum ist das denn so schlimm, dass sie versehentlich die falschen Schuhe geliefert haben? Diese hier sehen doch auch gut aus!"

Ganz egal, welches Verhalten dich an deiner Verlobten/deinem Verlobten so richtig sauer macht, du solltest es auf keinen Fall für dich behalten. Sprich mit ihr/ihm darüber! Vielleicht ist es ihr/ihm gar nicht so wirklich bewusst, wie sehr sie/er dir damit auf die Nerven geht. Nur durch die richtige Kommunikation ist es möglich, dass sie/er sein Verhalten diesbezüglich dauerhaft ändert.

147. Respektvoller Umgang

Ganz egal, wo eure Differenzen liegen mögen, so seid euch doch stets über eines im Klaren: Werdet bitte niemals laut, respektlos oder gar beleidigend, wenn ihr euch über verschiedene Dinge nicht einig seid. Auch wenn die Situation noch so belastend erscheinen mag, so vergesst auch während eines Streits niemals, dass ihr eure Partnerin/euren Partner über alles liebt und dass sie/er es nicht verdient hat, angeschrien oder beleidigt zu werden.

Natürlich gibt es im Leben allerhand Situationen, in denen einem gerne einmal die Pferde durchgehen. Das ist vollkommen normal und auch verständlich. Es liegt jedoch stets an euch, die Harmonie zu bewahren und nicht ausfallend zu werden. Sollte euch doch einmal ein falsches Wort oder eine laute Ansprache herausgerutscht sein, seid euch dessen bewusst und entschuldigt euch im Nachhinein für euer Verhalten. Sprecht im Anschluss noch einmal sachlich über das Problem und erläutert noch einmal in aller Ruhe euren Standpunkt. Selbst wenn es sich so anfühlt, als wärt nur ihr allein im Recht, so ist es dennoch besser, offen auf den anderen zuzugehen. Nur auf diese Art und Weise könnt ihr erreichen, dass auch eureVerlobte/euer Verlobter einen Schritt auf euch zugeht.

148. Zuhören

Viele Differenzen rühren nur durch mangelnde Kommunikation und durch die Tatsache, dass häufig nicht richtig zugehört wird. Seid diesbezüglich schlauer und macht von Anfang an nicht den Fehler, nicht aufmerksam zu sein. Der Alltag ist voller Zerstreuungen und tausend Dingen, die täglich auf uns einströmen. Trotzdem sollten wir unseren Partnerinnen/Partnern gegenüber aufmerksam sein, selbst dann, wenn uns ihr/sein Problem nicht allzu wichtig erscheint. Für sie/ihn ist es aber wichtig und das sollten wir respektieren. Biete deinem Schatz wann immer möglich eine starke Schulter zum Anlehnen. Schließlich erwartest du dasselbe von ihr/ihm. Doch auch, wenn es sich nur um eine „Alltagslappalie“ wie etwa eine vergessene Mülltonne oder einen verpassten Anruf handelt – ein offenes Ohr sollte beiderseits stets vorhanden sein.

149. Über intime Dinge sprechen

Es gibt Dinge im Leben, über die man einfach nicht gerne spricht. Hierbei kann es sich zum Beispiel um Dinge rund um den eigenen Körper handeln, z.B. unangenehmer Körpergeruch, schmerzhafte Periode, vorzeitiger Samenerguss oder eine geheime sexuelle Vorliebe. Es kann sich aber auch um andere Themen wie z.B. schwere Ängste handeln, die schon seit langer Zeit bestehen. Viele Menschen haben diesbezüglich Hemmungen und vertrauen sich noch nicht einmal ihrer Verlobten/ ihrem Verlobten an. Dabei wäre dies unheimlich wichtig. Wer eine Ehe eingeht, gibt damit ein Versprechen fürs Leben. Für gute und für schlechte Zeiten, das ist die nennenswerte Basis, die eine Ehe am Ende ausmacht. Bedingungslos füreinander da zu sein, sich in jeder erdenklichen Lage zu unterstützen und immer ein offenes Ohr für den anderen zu haben. Auch bei Themen, die im ersten Moment mehr als unangenehm erscheinen. Auf Dauer werden solche Geheimnisse ohnehin eines Tages ans Licht kommen. Zumindest dann, wenn die Ehe auf wahrhaftigem Vertrauen basiert. Im Nachhinein wird sich dann mit Sicherheit die Frage gestellt, warum die Thematik nicht früher angesprochen wurde. Deswegen kann jedem von Anfang an nur empfohlen werden, mit sämtlichen Geheimnissen schnellstmöglich aufzuräumen und keinen Spielraum für Scham und Hemmungen in einer Ehe zuzulassen.

150. Sicht aufs Leben

Gerne wird dieses wichtige Thema übersehen und von Anfang an gar nicht richtig zur Sprache gebracht. Die persönliche Sicht aufs Leben. Wie steht deine Verlobte/dein Verlobter eigentlich allgemein zum Leben? Ist sie/er glücklich? Hat sie/er eine optimistische Einstellung und denkt überwiegend positiv? Liebt sie/er das Leben?

Oder ist sie/er im Allgemeinen sehr unzufrieden? Gibt es Dinge im Leben, die sie/er gerne verändern würde, wenn sie/er könnte? Nicht nur innerhalb eurer Beziehung, sondern allgemein. Politische Entscheidungen, ethische Grundsätze, Regeln innerhalb der Gesellschaft – stimmt sie/er diesbezüglich immer mit allem überein?

Grundsätzlich ist es sehr lohnend, einmal ein ernstes Gespräch über das Leben allgemein zu führen. Frage deinen Schatz nach ihrer/seiner persönlichen Sicht auf das Leben und finde heraus, ob ihr in mehreren Hinsichten eine ähnliche Einstellung dazu habt. Mit Sicherheit weißt du diesbezüglich ohnehin schon einiges über sie/ihn, schließlich seid ihr schon eine ganze Weile zusammen, wenn ihr kurz davor seid, zu heiraten. Aber dennoch lohnt sich eine philosophische Debatte über das allgemeine Leben vor der Eheschließung.

151. Lösungsstrategien entwickeln

Manchmal kommt es uns so vor, als sähen wir den Wald vor lauter Bäumen nicht. Warum? Weil wir manchmal ein oder sogar mehrere Probleme haben, für die es einfach keine Lösung zu geben scheint. Ganz egal, ob es sich um ein berufliches, finanzielles, gesundheitliches oder partnerschaftliches Thema handelt - an manchen Tagen erscheint einfach alles aussichtslos. Manchmal haben wir auch einfach zu große Angst davor, einem offensichtlichen Problem die Stirn zu bieten und verdrängen es gerne. Das ist leider der vollkommen falsche Ansatz…

Es gibt mehrere Wege, ein Problem zu bewältigen. Nicht selten ist es nur eine Frage der richtigen Strategie. Diese kann in einer Beziehung oftmals besser gefunden werden als alleine. Auch diesbezüglich sollten wir grundsätzlich mit offenen Karten spielen und Zweifel ansprechen. Auch wenn es zunächst unangenehm erscheinen mag.

152. Regelmäßige Kommunikation

Häufig gibt es im Alltag nicht allzu viel Neues. Das Leben geht seinen Trott und alles ist wie immer. Diese Tatsache ändert jedoch nichts daran, dass regelmäßige Kommunikation das Alpha und das Omega in einer Beziehung ist. Sagt euch regelmäßig nette Worte und sprecht auch über andere Dinge, die eure Kommunikation beständig halten. Erzählt euch zum Beispiel Dinge aus eurer Vergangenheit, die ihr bis dato noch nicht angesprochen habt. Möglicherweise liefert dies neuen Gesprächsstoff, der euch beide erheitern dürfte. Hauptsache, die gegenseitige Kommunikation schläft nicht ein.

153. Persönliche Zukunftspläne

Ihr habt das Ziel, eine große Karriere zu machen und wollt beruflich so richtig durchstarten? Oder aber ihr seid zufrieden so wie es gerade läuft und wollt im Großen und Ganzen nichts verändern? Ganz egal, wie ihr euch eure Zukunft vorstellt, so solltet ihr dies mit eurem Schatz besprechen. In einer Ehe müssen diverse Dinge vereinbar sein, damit diese dauerhaft funktioniert. Wenn du zum Beispiel das Ziel hast, für ein Jahr beruflich ins Ausland zu gehen, sollte deine Verlobte/dein Verlobter definitiv von deinen großen Plänen wissen. Schließlich betrifft sie/ihn das auch. Das Leben hält tausend verschiedene Wege für uns bereit und wir wissen nie ganz genau, wo uns unser Weg am Ende hinführen wird. Trotzdem gibt es gewisse Pläne, die die/der Einzelne im Fokus hat und gerne verwirklichen würde. Sind deine Zukunftspläne mit denen deiner Partnerin/deines Partners vereinbar? Oder überschneiden sich diese gänzlich mit ihren/seinen Plänen für die Zukunft? Sprecht darüber und findet eine zufriedenstellende Lösung und ggf. auch einen Kompromiss.

154. *Finanzielle Zukunftspläne*

Was für finanzielle Wünsche habt ihr für die Zukunft? Seid ihr zufrieden damit, ein durchschnittliches Leben zu führen? Oder habt ihr möglicherweise den Wunsch, eines Tages richtig viel Geld zu haben? Anders gefragt, wer hat das nicht?

Um viel Geld zu verdienen, werdet ihr sehr viel arbeiten müssen, so viel steht fest. Zumindest dann, wenn ihr euren Reichtum auf ehrliche Art erwirtschaften wollt. Dafür wird jede Menge Zeit in Anspruch genommen werden müssen. Ist das für eure künftige Ehe auf Dauer vereinbar? Dass einer oder sogar beide von euch künftig sehr viel Zeit auf eurer Arbeit verbringen? Oder bevorzugt ihr doch eher die gemeinsame Zeit mit regulären Arbeitszeiten? Das müsst ihr individuell miteinander klären und sehen, ob sich auch eure finanziellen Ziele künftig gut vereinbaren lassen.

155. *Wie sieht für dich ein glückliches Leben aus, wenn du mal 90 Jahre alt bist?*

Niemand von uns kann wirklich sagen geschweige denn beeinflussen, wie unser Leben mit 90 Jahren aussehen wird. So viele Faktoren beeinflussen unseren individuellen Lebensweg. Beruf, Familie, Kinder, Freunde, Finanzen aber allem vorweg unsere Gesundheit. Diesbezüglich kann leider niemand prophezeien, ob wir überhaupt die 90 Jahre erreichen werden.

Aber man soll ja schließlich immer optimistisch denken! Aufgrund dessen ist es absolut legitim, sich auszumalen, wie das Leben mit 90 Jahren aussehen soll. Was werden wir bis dahin erreicht haben, bzw. was wollen wir bis dahin erreichen? Diese Frage solltest du mit deiner/deinem Verlobten einmal besprechen und herausfinden, wo sie/er sich mit 90 Jahren sieht. In einem großen Haus mit 3 Kindern, 10 Enkelkindern und einem peppigen Flitzer in der Garage? Oder doch viel eher in einem gemütlichen Seniorenheim, wo jede Woche ein lustiger Bingo Abend stattfindet? Vielleicht auch im Ausland? Träume sind vielfältig...

156. Was soll mit mir/dir im Koma Fall passieren?

Dieses Thema wird grundsätzlich gerne vermieden, weil es sich hierbei um eine recht traurige Thematik handelt, die gerne einmal die Stimmung vermiest. Dabei ist es so wichtig, dass darüber gesprochen bzw. die richtige Vorsorge getroffen wird. Auch wenn man besonders als junger, agiler Mensch kaum einen Gedanken an jene Thematik verschwendet, so kann es im schlimmsten Fall auch in dieser Altersklasse ziemlich schnell gehen...

Es kann uns allen tagtäglich passieren und wir landen urplötzlich im Koma. Meist durch einen schweren Unfall oder durch ein gesundheitliches Problem. Ist es dann einmal so weit, so ist es in einigen Fällen bereits zu spät. Zumindest was die eigene Entscheidungsfähigkeit betrifft. Liegen wir im Koma, so können wir nicht mehr verdeutlichen, was nun weiter geschehen soll. Deswegen ist es auch sehr wichtig, mit seiner Partnerin/seinem Partner über das unschöne Thema zu sprechen und die eigenen Wünsche zu verdeutlichen. Soll im entscheidenden Moment tatsächlich der Stecker gezogen werden? Würde das mein Liebling übers Herz bringen?

Es stellt sich natürlich auch immer die Frage, wie die Prognosen in einer solchen Situation stehen. Befürchten die Ärzte, dass die Chancen auf eine Genesung sehr positiv sind? In einer solchen Situation dürften die wenigsten den Stecker ziehen. Oder aber sind die Aussichten so schlecht, dass es keinerlei Hoffnung mehr gibt? Zum Beispiel beim plötzlichen Hirntod oder akutem Organversagen. In einer solchen Situation wäre es egoistisch und qualvoll, seine Partnerin/seinen Partner aus purem Egoismus an Maschinen am Leben zu erhalten. In der Hoffnung, es würde wieder alles so werden wir früher. Was es jedoch niemals wieder wird…

Sollte sich die Ehefrau/der Ehemann nicht dazu in der Lage fühlen, im Fall der Fälle über Leben und Tod zu entscheiden, muss diese Entscheidung von jemand anderem übernommen werden. Von jemandem, bei dem sich die/der im Koma liegende ganz sicher sein kann, dass diese Person ganz nach deren/dessen Wünschen handeln wird. Auf jeden Fall sollte die Frau/der Mann über die Wünsche diesbezüglich Bescheid wissen. Um sicher zu gehen, sollte die Angelegenheit außerdem schriftlich festgehalten werden.

157. Wie stehst du zum Thema Organspende?

Noch so ein Thema, das nicht ganz alltäglich, im Fall der Fälle aber wichtig ist: die Organspende. In Deutschland hat jeder Mensch die Möglichkeit, nach seinem Tod (teilweise auch schon vorher) seine eigenen Organe zu spenden, sofern diese noch gut funktionieren. Eine tolle Sache, die bereits vielen totgeweihten Menschen das Leben rettete.

Doch wie steht ihr eigentlich zu dieser Thematik? Würdet ihr eure Organe im Falle eures (vorzeitigen) Todes ebenfalls einem anderen, meist unbekannten Menschen überlassen, der dadurch gerettet wird? Bei diesem Thema schneiden sich die Meinungen. Manche Menschen finden es großartig, in einem solchen Fall zu helfen, da ihnen selbst ihre Organe ohnehin nichts mehr nützen. Andere können sich mit dieser Vorstellung jedoch nicht anfreunden. Auch aus religiösen oder ethischen Gründen.

Wie auch immer ihr beide dieser Thematik gegenübersteht, so solltet ihr euch darüber absprechen, dass ihr für den Fall der Fälle vorbereitet seid. Auch wenn ihr mit der Meinung eurer Partnerin/eures Partners nicht so recht einverstanden seid, so solltet ihr ihren/seinen Wunsch auf jeden Fall respektieren.

158. Gibt es für dich ein Leben nach dem Tod?

Gehört ihr beide einer Religion an? Glaubt ihr an Gott? Oder glaubt ihr viel eher an das Karma oder das Schicksal? Glaubt ihr an ein Leben nach dem Tod? Haltet ihr eine Wiedergeburt für wahrscheinlich? Oder denkt ihr diesbezüglich rein pragmatisch? Wenn das biologische Leben vorbei ist, dann ist es vorbei…

Mit Sicherheit habt ihr euch über diese Thematik schon einmal unterhalten und eure jeweiligen Standpunkte ausgetauscht. Sind diese miteinander vereinbar? Habt ihr euch diesbezüglich schon einmal gestritten? Ist das Thema für euch überhaupt relevant? Oder ist Religion viel eher eine unbedeutende Nebensache für euch? Ganz gleich, welche zentrale Rolle Religion und Wiedergeburt in eurem Leben einnimmt, so ist es zumindest ganz interessant, die Ansichten der Partnerin/des Partners zu kennen.

Ist sie/er möglicherweise stark religiös oder von einer anderweitigen Form der „Unsterblichkeit" überzeugt? Du solltest seine Ansichten respektieren, auch wenn sie mit deinen eigenen nicht unbedingt übereinstimmen müssen. Gib ihr/ihm auf keinen Fall das Gefühl, ihr/sein Glaube wäre falsch oder gar lächerlich. Jeder von uns sollte an das glauben, uns zu einem besseren Lebensgefühl verhilft und uns zu besseren Menschen macht. Ferner ist es jedoch auch wichtig, dass du dich diesbezüglich zu nichts drängen lässt. Solltest du absolut nichts mit Religion am Hut haben, so wäre es falsch, ihre/seine religiösen Ansichten ihr/ihm zuliebe zu teilen oder dich in irgendeiner Form bekehren zu lassen. Ein Glaube ist eine freiwillige Herzensangelegenheit und sollte niemals in falschem Fanatismus enden.

159. *Wie verlief deine Kindheit? Wie bist du zu der Person geworden, die du heute bist?*

Hast du mit deiner/deinem Verlobten schon einmal intensiv über ihre/seine Vergangenheit gesprochen? Was hat sie/er diesbezüglich bereits erzählt? Gab es in ihrem/seinen Leben möglicherweise spezifische Ereignisse, die sie/ihn zu dem Menschen machten, der sie/er heute ist? Hatte sie/er eine glückliche Kindheit? Einen guten Draht zu ihrer/seiner Familie? Hatte sie/er schon immer viele Freunde oder war sie/er schon immer eher ein Einzelgänger? Welche kindlichen Hobbies und Stärken prägten ihre/seine (berufliche) Zukunft?

All das sind Fragen, die in einer innigen Beziehung unbedingt einmal gestellt werden sollten. Möglicherweise wirst du dadurch noch sehr viel mehr über deinen Schatz in Erfahrung bringen, manches dürfte plötzlich einen ganz anderen Sinn ergeben. Kann es sein, dass du dich manchmal über besondere Ansichten und Lebenseinstellungen ihrer/seinerseits wunderst? Zum Beispiel, dass sie/er keine gute Meinung über manche Dinge vertritt? Möglicherweise stammt diese spezifische Prägung noch aus ihrer/seiner Vergangenheit, weshalb du ihr/ihm deswegen nicht böse sein darfst. Prägungen aus der Vergangenheit sind selbstverständlich kein Freibrief dafür, sich in Zukunft durchgehend davon leiten zu lassen. Wir alle können stets an uns arbeiten und positive Veränderungen erzielen.

Haben die Eltern deiner/deines Verlobten zum Beispiel eine negative Einstellung gegenüber Ausländern oder anderen Religionen, so hat sich diese Einstellung möglicherweise auch auf sie/ihn übertragen. Vielleicht hast du festgestellt, dass sie/er diesbezüglich ebenfalls gerne einmal einen dummen Spruch ablässt oder sich verschiedener Klischees bedient. Fühle ihr/ihm diesbezüglich ruhig auf den Zahn und verdeutliche, dass sie/er sich doch ihr/sein eigenes Bild über die Thematik bilden soll, anstatt nur die stumpfsinnige Meinung der Eltern nachzuplappern. Möglicherweise wird das helfen, ihre/seine Meinung zu ändern und den Horizont entsprechend zu erweitern.

160. Welche unterschwelligen Ängste hast du?

Die meisten von uns haben irgendwelche (geheimen) Ängste – die einen mehr, die anderen weniger. Diese Ängste variieren von Furcht vor Spinnen bis hin zu sozialen Ängsten. Fällt es deinem Liebling möglicherweise schwer, sich auf sozialer Ebene zu behaupten? Gibt sie/er diesbezüglich gerne nach, um bloß keinen Streit vom Zaun zu brechen? Auch ein solches

Verhalten hat mit unterschwelligen Ängsten zutun – der Angst vor Konflikten.

Unterschwellige Ängste haben ebenfalls sehr viel mit unserer Vergangenheit zu tun. Machten wir bereits als Kinder/Jugendliche schlechte Erfahrungen, so werden uns diese Ängste mit Sicherheit noch lange begleiten. Selbst dann, wenn unser rationaler Verstand uns sagt, dass sämtliche Ängste und Zweifel im Grunde vollkommen unbegründet sind. Die Chance, von einer dicken Hausspinne gefressen zu werden stehen praktisch bei null. Ebenso das Risiko, von unserem Chef verdroschen zu werden, wenn wir diesem einmal die ehrliche Meinung sagen. Und trotzdem sind sie immer da, diese überflüssigen, nervigen Hemmungen.

Finde heraus, was deine Verlobte/deinen Verlobten diesbezüglich umtreibt und überlegt euch gemeinsam eine angemessene Strategie, um den Ängsten den Kampf anzusagen. Möglicherweise hast auch du die eine oder andere Angst, die du mithilfe deines Schatzes besiegen kannst.

161. Regelmäßig sagen: „Ich liebe dich!“

Ganz besonders am Anfang fällt dieser magische Satz regelmäßig und kaum oft genug: „Schatz, ich liebe dich!“ Dieser Satz bekundet nicht nur unendliche Liebe, sondern ist auch gleichzeitig ein großer Balsam für die Seele. Was gibt es Schöneres, als von seinem Schatz zu hören, dass man über alles geliebt wird? Diese Aussage zu erwidern, setzt dem Ganzen noch die Krone auf.

Es ist äußerst bedeutsam, diesen Satz auch im fortgeschrittenen Stadium einer Beziehung oder Ehe regelmäßig zu wiederholen. Und das aus tiefstem Herzen. Nicht nur eben der Höflichkeit halber schnell mal daher gesagt. „Ich gehe noch eben schnell einkaufen, liebe dich, bis später!" Viel besser ist es, den Satz in einem passenden Moment zu sagen. Zum Beispiel bei einem gemeinsamen Spaziergang oder vor dem Schlafengehen. Nimm deinen Liebling dazu am besten in deine Arme, blicke ihr/ihm tief in die Augen und halte ihr/sein Gesicht. „Schatz, ich liebe dich so sehr und ich wünsche mir, dass wir den Rest unseres Lebens glücklich miteinander verbringen werden! Wir beide sind so ein tolles Team, wir trotzen allen Alltagsschwierigkeiten und finden für alles eine Lösung. Ich danke dem Schicksal innerlich jeden Tag, dass ich dich gefunden habe und hoffe, dass du mit mir genauso glücklich bist, wie ich mit dir!"

FAZIT:

Eine Ehe will gut überlegt sein! Ist die Liebe auch noch so groß, so kann man trotzdem im Vorfeld nicht genug miteinander erleben, um sich im vollen Umfang kennenzulernen. Das erspart bestenfalls manch unangenehme Überraschung, die nach dem Bund fürs Leben auf den Tisch kommen könnte. Eine Ehe ist etwas Großartiges, allerdings benötigt diese viel Zeit, Aufmerksamkeit und Pflege. Ähnlich wie eine Pflanze, die wächst und gedeiht, so ist auch eine Ehe ein ständiger Prozess der Wertschätzung. Wer sich eine Pflanze anschafft, der sollte bereits im Vorfeld mit der Handhabung und der Pflege vertraut sein und die individuellen Bedürfnisse der Pflanze kennen. Dasselbe Prinzip trifft auf eine Ehe zu. Zu naiv angetreten, könnte es durchaus geschehen, dass sie früher oder später eingeht. Darum ist auch die Vorbereitungszeit niemals zu unterschätzen! Schließlich soll die Ehe die schönsten Früchte tragen!

Macht euch keinen Stress und nehmt euch die Zeit, die ihr braucht, um euch so richtig kennenzulernen und festzustellen, ob ihr tatsächlich füreinander bestimmt seid. Verbringt dazu viel Zeit miteinander und unternehmt jene Dinge, die wir euch in diesem Ratgeber vorgeschlagen haben. Mit Sicherheit wird das eine oder andere für euch dabei sein und ihr werdet erleben, wie sehr euch verschiedene Unternehmungen, Abenteuer und Gespräche noch mehr zusammenschweißen werden.

Behaltet dabei jedoch stets im Auge, dass ihr euch gleichzeitig eure jeweiligen Freiheiten bewahrt. So wundervoll es auch sein mag, viel Zeit miteinander zu verbringen, ist es gleichermaßen entscheidend, dass jeder von euch auch noch sein eigenes Leben ungehindert leben darf. Ganz ohne Vorwürfe und Zweifel! Eine gute Ehe ist immer ein gewisser Kompromiss, bei welchem beide Parteien auf ihre Kosten kommen sollen. Scheut euch nicht davor, für euren Schatz gelegentlich auch einmal ein „Opfer" zu bringen und eure eigenen Bedürfnisse zurückzustellen. Das gleiche dürft ihr jedoch auch von ihr/ihm erwarten, wenn dies die Gegebenheiten erfordern. Ein gegenseitiges Geben und Nehmen – der Grundstein einer guten Ehe.

Vergesst dabei auch nicht die Menschen um euch herum. Familie, Freunde, Bekannte und Arbeitskollegen. Sie alle machen einen Teil eures künftigen gemeinsamen Lebens aus und sollten respektvoll behandelt werden. Im besten Fall versteht ihr euch alle blendend und verbringt sehr gerne Zeit miteinander. Doch selbst, wenn du mit einem oder mehreren Menschen im Leben deines Schatzes nicht allzu gut harmonieren solltest, so stelle deinen Liebling nicht zwischen die Stühle. Übe dich in Diplomatie oder ziehe dich ggf. dezent zurück. Hauptsache eure Ehe wird von außenstehenden Menschen nicht maßgeblich beeinträchtigt. Alles andere ist im Grunde Nebensache.

Trefft gleichzeitig gewisse Vorsichtsmaßnahmen für die

Zukunft. Selbst wenn ihr davon ausgeht, dass ihr noch viele Jahre unbeschwert miteinander verbringen dürftet, so gibt es doch für nichts im Leben eine vollständige Garantie. Sichert euch sowohl auf finanzieller als auch auf gesundheitlicher Ebene ab und habt für möglichst alles einen sinnvollen Notfallplan. Selbst für einen (eher unwahrscheinlichen) Koma Fall sollte bereits in jungen Jahren Vorsorge getroffen werden.

Besprecht miteinander, was ihr euch vom Leben wünscht. Wo seht ihr euch in 10, 20, 30 oder gar 60 Jahren? Was sind eure individuellen Träume und Ziele, die ihr erreichen wollt? Was hat oberste Priorität, was ist dagegen nur eine schwammige Träumerei? Seid euch stets im Klaren darüber, was ihr wollt und wie ihr von nun an gemeinsam vorgehen wollt. Vieles im Leben lässt sich ohnehin nicht planen. Vieles aber schon. Beeinflusst daher euren gemeinsamen Lebensweg mit gezielten Vorhaben, die euch zusammen weiterbringen werden!

Seid glücklich miteinander und vergesst niemals, regelmäßig im Hier und Jetzt zu leben und den Moment bewusst zu genießen! Das Leben ist definitiv zu kurz, um nur an ein besseres Morgen zu denken. Was wirklich zählt, ist das JETZT!

Impressum

Steffen Weiler

Hildastr. 31f

76571 Gaggenau

Bei Fragen: dbtVerlagDeutschland@gmail.com

Covergestaltung und -konzept: Danileo

Coverbilder: Burconur

Printed in Poland
by Amazon Fulfillment
Poland Sp. z o.o., Wrocław

23452875R00067